Happiness is always there with in yourself.

今日は、心をみつめる日。

衛藤信之

第1章

ほんとうの幸せについて

第2章 「いま」という瞬間の大切さ

第3章 自分を愛するいちばんの方法

第4章

終わりから見ればわかること

装丁◎石間 淳

装丁写真◎ ©Born Free Works/amanaimages

扉写真◎ ©ART SPACE/amanaimages

本文ＤＴＰ◎日本アートグラファ

編集協力◎大隅光彦

編集担当◎鈴木七沖（サンマーク出版）

第1章

ほんとうの幸せについて

「不幸が当たりまえ」と思えば、どんなことも幸せ

求めてもなかなか得られず、やっとつかんだと思ったら、あっという間に手のひらから逃げてしまう……きわめて手に入れることが難しい希少品が、幸福というものかもしれません。

幸せはどこにあり、どうすれば手に入れられるのでしょう?

一つ確かなのは、幸せは外から訪れてくるものではないということです。それは自分の内側から生まれてくるものです。

幸せも不幸せも、喜びも悲しみも、悩みも苦しみも、みんな私たち自身の心がつくり出す、「一人称」の産物なのです。

ある企業のトップセールスマンたちの集まりに講師として招かれたときのこと。そのなかでも一番のセールスを上げる女性と隣席する機会がありました。失礼ながら、

見た目はごくふつうのおばさんです。

しかし、その人はまちがいなく〝ちまたの成幸者《せいこうしゃ》〟の一人でした。その人が休んでいるのを誰も見たことがないといわれるほどのすごい働きぶりに加えて、同僚や部下の面倒もよく見、彼らの売り上げにも協力を惜しまないのだそうです。

そのせいで、周囲から母親のように慕われ、頼られながら、謙虚で少しも偉ぶるところがない。そんなすばらしい人柄が、少し会話を交わしただけの私にもよく伝わってきました。

そのとき、私はその女性の口から深い言葉を聞くことができました。おだやかな笑みを浮かべながら、彼女は自分の生き方、働き方について、こんなふうに語ってくれたのです。

「私の母はよく、『一年に三日だけでもいいことがあったら、その年は最高の年だよ』といっていました。その母に育てられた私も、『生きるのは苦しいのが当たりまえ』と思って生きてきました。ですから三日いいことがあれば、残りの三百六十二日がたとえつらく苦しい日でも、私は十分、幸福だって……」

「ですから、こうしてみなさんとおしゃべりして、おいしいものを食べられる、ただそれだけで私は幸せすぎるくらい幸せなのですよ。幸せすぎて母に申し訳ないくらいです」

それを聞きながら、私はいたく感動しました。何に感動したのかといえば、その人と、その人のお母さんが備えていた、幸と不幸についての知恵の深さに、です。

彼女はお母さんゆずりの知恵によって、日々が大変で当たりまえ、すべてに満足できることはないと思って生きています。だから、日陰から出たときに日向の温もりがいっそう強く感じられるように、何の変化もない平凡な事柄がこのうえない幸せと感じられるのです。

つまり、彼女の幸福をつくり出しているのは、「足りない中で満ち足りる」日常を味わうことの心にほかなりません。

足りないことがあって当たりまえと考え、むやみに幸せを欲しがらず、ありきたりで、ささいなことにも深い喜びを見出す。そんな〝賢者の知恵〟が彼女に確かな幸福をもたらし、彼女のトップセールスウーマンとしての心の支えになっているのです。

このように、人間の幸と不幸はどうやら、「苦労を引き受ける心が幸を引き寄せ、幸せを求めすぎる心が不幸を生む」という皮肉な逆説の糸で結ばれているもののようです。

「足りない」ことが幸福の種子になる

その幸と不幸の逆説をいつも静かに自分の心にしみこませている人。そういう人こそ真の成幸者といえるのですが、世の中には、そういう人のなんと少ないことか。

いまの時代、多くの人が、みな同じが当たりまえ……先ほどのトップセールスの女性とは反対に……「あって当たりまえ」の世界で「うまくいって当然」という価値観の中に生きています。

水道の蛇口をひねれば水が出て当たりまえ、電車は時間どおり発着して当たりまえ、約束は守られて当たりまえ、欲しいものはお金を出せば手に入るのが当たりまえ。万事、自分の思いどおりに進んで当然と、多くの人がそう思っているように感じます。だから、その当たりまえが少しでもうまくいかないと、それがそのままストレスや不満になってしまう。

一般的に、幸福を手にする方法は二とおり考えられます。①いまの幸せに感謝して成幸者になるか、②欲望を追求して成功を求めつづけるか、の二つです。①はトップセールスの女性が選んだ方法です。しかし、たいていの人は②のやり方を選んでいます。

こういう人は、幸福の尺度が自分の所有物の多い少ないにあるので、「自分にはあれがない、これもない、だから幸せじゃない」と、すぐにネガティブに考えてしまうのです。

常に「ない」のがふつうだと考えれば、「ある」だけで幸せなのに、「ある」が当たりまえと思っているから、「ない」ことがたくさんの不満や不幸の種になってしまう。だから、その考え方はぐるりと反転させたほうがいいのです。足りていて当たりまえと考えるのではなく、足りなくて当たりまえと考える。欲を肥大させるとそれだけ幸福は遠ざかり、ムダな欲望を削ればそれだけ幸福に近づく……そんなふうに幸と不幸の関係をコペルニクス的に転回させるべきなのです。

私個人の例ですが、幼いころの私は両親の離婚や二番目の母の死を経験するなど、ほかの家に比べてかなり「いろんなものが足りない家庭」で育ちました。食事なども、母親代わりだった祖母が、ささっと手早くつくってくれた質素な料理が多かったものです。

そのため、結婚して、妻の手料理が出てきたときには、おおげさでなくほんとうに感動しました。おかずが何品もあるし、どれもこれもおいしい。そのことが「ホントに、これをオレが食べていいの？」と罪の意識を覚えるほど幸せに感じられたものです。

もし私が、料理研究家の家に育って、小さいときから毎日おいしいものばかり食べていたら、その幸福感は決して得られなかったはずです。幸福とはそうした相対的なもので、足りないことも幸せの種になるのです。

また、「ない」ことは成長のエンジンにもなります。江戸時代、長崎の出島でしか蘭学書《らんがくしょ》が読めなかった当時、蘭学の勉強をしたい人は何か月にもおよぶ苦しく長い旅をして出島まで出向き、やっとめぐり会えた書を拝むようにして押しいただき、全身全霊をかけて写本したといいます。

その感激、その集中力、その向上心たるや、どれほどのものだったでしょう。どんな本も書店や通販で手に入り、膨大な情報が家にいながらにしてインターネットを通じて流れこんでくる現代とは、とうてい比較にならないほど強いものであったはずです。

簡単に学ぶ場が「ない」からこそ、学びたい気持ちが強くなり、身が焦げるような意欲や向上心を生み出していた。「ない」ことが自分を成長させるための最強のエンジンとなり、最大の原動力となっていたのです。

野生熊に襲われて亡くなった、世界的に著名な写真家の星野道夫さんも生前、こんな意味の言葉を残しています。

……旅に出る前は、世界のすべての景色を写真に撮ってやろうと気負っていたが、世界のあちこちの多様な風景をファインダーでのぞき、カメラに収める旅を続けていくうちに、まったく逆のことを考えるようになった。かりに世界のありとあらゆる風景をカメラの中に収めることができても、楽しくも嬉しくもないだろう。自分のまだ知らない世界、見ていない景色が、この瞬間、この世界にたくさん存在している。それこそがなんとすばらしいことだと思うようになった……。

つまり、星野さんは手が届く世界よりも手が届かない世界のほうがずっと広いことに、多くの希望や喜びを見出すようになったのです。

わからない、知らない、できない、足りない。そういう未知や不足があるから、人には前へ進もうとする力が生まれてきます。また、そうした足りない部分を自分の手で克服しようとするところに、苦しみもあれば楽しみもあり、成長の喜びもあるのです。

その意味で、「ない」こと、「不足していること」は、けっして不幸せにつながるマイナス要素ではありません。むしろ幸福の種子であり、人が成長するための力となる「のびしろ」だと考えるべきなのです。

失敗しないと近づいてこない成功がある

うまくいって当たりまえという考え方をしていると、その反対の、うまくいかないこと=失敗を受け入れることができなくなります。不足していることをマイナス要因としかとらえられなければ、必然的に、失敗やつまずきは、その人にとっては許されない「悪」となるからです。

しかし世の中には、失敗しないと近づいてこない成功というものもあるのです。

アメリカでルームメイトだったドイツ人がいます。彼と二人で海水浴に出かけたとき、そこで私たちは日本人親子の、こんな光景に出くわしました。

子どもが波打ち際で砂遊びをしていると、お母さんが「あぶないから、波の来ないところでやりなさい」と注意します。子どもはしぶしぶ波の来ない場所へ移って、砂でお城をつくり出しました。しばらくすると、波がスーッと子どものそばまでやってきて、お城をササーッと消していってしまいました。子どもは、もう一度同じ場所でお城をつくり出しますが、また、波がササーッと消していきます。でも、子どもは同じ場所でお城をつくり出します。つくっては消え、つくっては消えていくのを何度か繰り返していると、ふたたびお母さんがじれったそうに、「最初に砂を集めておいたほうが効率がいいでしょう？」と口をはさみ、あげくの果ては「周りにお堀や城壁もいるでしょ！」といいながら、自分で砂のお城をつくりはじめてしまったのです。

この光景を見て、友人のドイツ人は苦笑しながら、

「ノブ、いかにもきみの国らしいな。親が先回りして何でもやってしまう。われわれドイツ人が『子どもには失敗する権利がある』といって育てられるのとは正反対だ」

失敗する権利……この言葉は、鋭く私の胸をつきました。日本のお母さんのように、おせっかいに何でもやってやるということは、裏を返せば、子どもを信用していないということになります。

一方、ドイツ人は子どもを信用して、親は手を出さず、まず「見守る」ことを優先します。たとえ子どもが失敗しても、それは彼らの特権であり、子どもには成長する

ために、失敗する権利があると考えるのです。

「ドイツのジャーマンクラフトシップ（ものづくりの精神）にも、失敗からよいものが生まれるという哲学がある。失敗を重ねないといいものには出会えないのだ」

彼はそういって、失敗に寛容であるだけでなく、失敗を成功するために必須の条件ととらえることの大切さを、強調して語っていました。

私は考えこんでしまったのですが、こうした考え方はかつては日本にもあったはずです。たとえば人材育成でも、いろいろな試行錯誤や失敗を経験させながら、時間をかけてじっくりと人を育てる。かつてはそういうやり方が一般的でした。

けれども、いまはすぐに結果だけが求められて、プロセスにおける遠回りや失敗を許さない風潮が強く、いかにも余裕のない空気が社会に蔓延《まんえん》しています。

少しでも政治が停滞すると、すぐに総理を替える。電車が遅れたといって駅員にいきなり食ってかかる。いったん会社を辞めてしまうと、一生、フリーター暮らしの恐れがある。

どれもミスや失敗を受け入れることができず、足りないことやうまくいかないことを「負」としかとらえられない風潮の反映といえます。いまの時代の息苦しさや閉塞《へいそく》感《かん》もおそらく、そんな失敗を許さない度量の狭さがにじみ出たものなのでしょう。

しかしながら、ドイツ人のいうように、ほんとうは失敗こそ成長の「肥やし」なのです。そう、失敗は成功へ至る必然のプロセスなのです。

売れる営業マンと売れない営業マンの差も、この失敗のとらえ方にあるといわれています。売れないセールスマンは断られるごとに、「おれはダメだ、能なしだ」と落ちこんでしまいますが、売れるセールスマンは断られるごとに「だんだん成約に近づいている」と考えることができるのです。

平均三十件に一件の成約率なら、三十件目に成約を得るには二十九件に断られることが前提になります。だから、断られるたびに、だんだん成功が近づいている……売れるセールスマンは、そういうふうに考えます。しかし、婚活に失敗するたび、ステキな出会いが近づいていると考える人は少ないのです。

失敗しないと近づけない成功がある、といったのはそういう意味で、成幸《せいこう》をつかむ力とはすなわち、成幸までの失敗に耐える力ともいえます。失敗という権利を正当に使ったとき、私たちは成幸をこの手でつかむことができるのです。

快適すぎる環境が「心の耐性」を衰えさせた

海水浴のエピソードからは、いまの社会が抱えるもう一つの問題が浮かび上がってきます。それは、がまんする力の不足、耐える能力の欠如です。

親は親で子どもの未熟な行動をがまんできず、見守るべきところで介入してしまう。子どもは子どもで、親の文句にすぐ腹を立て、キレて親を殴りさえする。上司は部下のミスが許せず、部下は上司の小言に耐えられない。

キレるといえば、以前、こんなことがありました。

飛行機の搭乗口で大きな声がします。最終の整備チェックで、搭乗の手続きが十分遅れていました。多くの紳士淑女は待っています。でも、ある中年の男性が地上係員にキレている。「なんとかしろ！」。なんとかできるのなら地上係員もなんとか搭乗させているはず。整備員との連絡のあわただしさを見れば誰にでもわかる。

どうしても気に入らないなら、メイン都市便なのでほかの航空会社に変更の手続きをするか代替案を見つけ行動するしかないのです。ただ、その男性は思うようにならない苛立《いらだ》ちを地上係員に大声でぶつけるだけ。

まるで駄々っ子です。どうしてもいいたいのなら、一度「早くしてくださいね」といえばいい。まぁ、いっても何も変わりはしないのですが。

その興奮が抑えられない男性を見ながら、この人は、思うようにならなければ、現実を受け入れられなくて、いつも職場や家庭でも、子どものように感情をぶつけているのだろうと、男性の部下や家族にまで同情してしまいました。


このように、多くの人がささいなことに腹を立て、小さな不満や不足もがまんできず、ちょっとした抑圧やストレスに耐えることができないのです。私たちの辛抱や忍耐力……心理学用語で「フラストレーション・トレランス（欲求不満に耐える能力）」

といいますが、その能力はいま明らかに低下の一途をたどっています。

それも無理からぬことではあるのです。文明と科学の進歩によって、現代は、昔では想像しえなかった「快適社会」になっています。室内にいれば、冬は温かく、夏は涼しい。ほぼ一人ひとりに車と携帯電話とインターネットがいきわたり、おなかが空けば夜中でもコンビニのお弁当を買えるし、好きなときにピザの出前も取れる。

欲しいものはたいてい手に入り、嫌なことや面倒な人間とは関わらないでもなんとか生きていける。そんな楽ちんで心地よい環境に囲まれて、現代の人々は生活しています。

けれども、そこにこそ快と不快の逆説が潜んでいて、快適さや心地よさが当たりまえになると、人間の心や体はちょっとした不快にも耐えられなくなってしまいます。ぬるま湯に漬かっていれば外気がことさら冷たく感じられるように、快適社会に生きているとフラストレーション・トレランス、すなわち、ストレスに対する耐性が弱くなってしまうのです。

最近のうつ病の急増なども、その耐える力の劣化が背景にあるのでしょう。うつ病はストレス社会の産物と簡単に説明されがちですが、実は反対の側面もあります。

つまり、ノンストレスな快適社会が人の心から耐性を奪い、昔だったらがまんできた悩みや苦しみにも、いまは耐えられなくなっている……そのフラストレーション・トレランスの低下が心の病を引き起こしやすくしていると考えたほうが正確なのだと私は思います。

心の堤防が低くなれば、外から水が侵入しやすくなります。その結果、恋人に少し冷たくされた程度で激しく落ちこみ、「オレはうつじゃないか」と悩む。逆に、ストーカーのように、嫌われる現実を認められないのも同じです。

うつ病が安易に量産される昨今の傾向は、私たちの心理的耐性が衰えていることに大きな要因があるのです。

悩み、ストレスは人生に与えられた宿題

親がかりの結婚式を挙げ、新婚旅行から帰ってきた若い夫婦が親から「旅行から帰ってきたら、あいさつぐらいしに来なさい」といわれて、

「なんで、いちいちあいさつに行かなきゃならないんだ」

「そうよねえ、なんだかイヤだ」

「結婚って、なんだか面倒くさくない？」

などと不平を並べたあげく、結局、「面倒くさい」という理由から、さっさと離婚してしまったという、開いた口がふさがらなくなる話があります。

これは特殊な例ではないのです。人は生きていくなかで、若さゆえに知らない世間のルールやしきたりをだんだんと身につけていくべきなのに、彼らにはそのプロセスが面倒くさいとしか感じられない。

だから、一生に一度のイベントの楽しい結婚式はするが、その後の地味で苦しいことも多い「生活」を引き受ける覚悟はありません。むろん、それに耐える力の備えもない。要するに、フラストレーション・トレランスがちゃんと確立されないまま、みなが結婚するからと、違う人と一緒に住むという世界に飛びこんでいくのです。

教育や子育ての分野でも同様です。モンスターペアレンツなど、何かというと学校や先生の教育方法に口をはさんだり、文句をつけたりする親が増えています。一見、教育熱心な振る舞いのように見えて、これも親の側に心理的耐性が欠けている証拠といえます。

子どもの問題にやたらと関与や介入をせず、親や大人は一歩引いて、彼らの自立的な成長を見守る。その「がまん」が……海水浴場のお母さんみたいに……いまの親は苦手なのです。親という字は「木の上に立って見る」と書くのに、見てはいられないのです。

教育というのは、そもそも手間と時間がかかるものです。草花を育てるのに似て、子どもに肥料をたっぷり与えるべき時期もあれば、じっと成長を「待つ」時間も必要になってきます。けれども、最近はその忍耐や辛抱ができない親が少なくありません。

だから、子どもが何かを欲しがると、すぐに買い与えてしまう。まるで、子どもの欲求や希望をすべてすぐさま満たしてやるのが親の愛情であると勘違いでもしているかのように。ものが「ない」という不幸な状態を解消して、「ある」という幸せで子どもの世界をあふれさせてやる。それが親の役目とでも思っているかのように。

しかし、そのノンストレスな快適環境を子どもに与えること、それこそが子どもの自主性を損ね、彼らの成長の機会を奪っている事実に気づかなくてはなりません。

なるほど、欲しがるものを与えなければ、それはその時点で、子どもにとって大きな欲求不満やストレスになるでしょう。でも、そのストレスは彼らの成長にとって必要な栄養分なのです。

人間は思いどおりにならない経験や失敗体験を通じて現実を知り、フラストレーション・トレランスを身につけながら、心理的大人へとなるべく階段を一段一段登っていく生き物だからです。

欲しいものを買ってもらえない、子ども同士のケンカで泣かされる。そんな自分の欲求が満たされないストレスを多少なりとも幼少期に経験しなかった子どもに、心理的耐性が備わりにくいのは明らかです。だからこそ、親がそのストレスを先回りして取り除いてやることは、子どもの心理的成長の肥料を奪っているのに等しいのです。

失敗やストレスは不幸の誘因などではありません。それどころか大人になるために必要な経験なのです。悩みや苦しみ、不足や不満は、自分自身を見つめ、鍛えるチャンスとなります。

「悩みは人生に与えられた宿題」であり、子どもに限らず大人でも、人間はみんな、その宿題を自分で解きながら成長していくのです。だから、ストレスを諸悪の根源みたいに考えて、それをむやみに、あるいは安易に取り除こうとしてはダメなのです。

子どものすることに何かと口をはさんだり、欲しがるものをすぐに買い与える親の心の奥をのぞいてみると、子どものためといいながら、実は自分自身がかわいいという心理がそこに働いていることが多いものです。

たとえば欲しいものが手に入らないことに、子どもは不満を覚え、悲しみ、泣きわめく。そのわが子の姿を見ている親の「自分がかわいそう」「その現実に自分が耐えられない」という入り組んだ心理です。つまり、そこでは親自身のフラストレーション・トレランスが試されているのです。

いま、私たちに求められているのは耐える能力……がまんする力や待つことのできる力を養うことです。答えをせっかちに欲しがり、目的に向かって最短距離を急ぐことが、かならずしも幸せを手に入れられる方法とは限りません。

むしろ、待つ、耐えるという成熟した大人の知恵を身につけた人こそが幸福へ至る切符を手にしやすいのです。

インディアンに学ぶ「悲しみを受け入れる」知恵

なぜ、幸福を得るために「心の耐性（メンタル・トレランス）」が必要とされるのでしょうか。それはもともと、人間が悲しみや苦しみの中に生きる生き物だからです。

私たちは悲しみや苦しみを織り糸として人生をつむぎ出している存在なのです。

昔、子どもを死なせた母親が半狂乱になって、「子どもを生き返らせる薬をください」とお釈迦《しゃか》さまにすがりました。お釈迦さまは、その願いを聞き入れて、子どもを生き返らせる薬の材料を探してくるよう母親にいいました。その材料とはカラシ種でした。

ただし、そのカラシ種はお釈迦さまいわく、「これまで一度も、死者を出したことのない家のものでなくてはならない」。母親は足を棒にして町中を探し回りましたが、その条件を満たすカラシ種はどうしても見つかりませんでした。

多かれ少なかれ、死の離別を経験していない家などなかったからです。当たりまえのことですが、誰もがその悲しみに耐え、苦しみを乗り越えながら生きていたのです。「ああ、悲しいのは私だけじゃないんだ！」……そのことにあらためて思い至った母親は、しだいに子どもを失った悲しみから立ち直っていきました。

このように、悲しみ、苦しみというものは人生の親戚《しんせき》のようなもので、生きている限り、誰もが悲しみや苦しみから逃れることはできません。悲しみから目をそむけることはできても、悲しみを心から消してしまうことなどできないのです。

したがって、悲しみを癒《いや》す方法はただ一つ。その悲しみを受け入れ、耐えるほかにすべはありません。

私は米国でアメリカインディアンと交流を持ち、彼らの居留区にひんぱんに通って寝食をともにしながら、その文化や自然観、哲学や知恵などを学んだ経験があります。

そのインディアンをはじめ、イヌイットやアボリジニといった、近代文明とは距離を置いて、過酷な自然の中で長く共同体を存続させ、子孫をつないできた人々は、この人生につきものの悲しみや苦しみへの対処法を実によく知っています。

思うようにならない逆境の中で生きることこそ人生の本質である。だから、悲しみや苦しみの克服は、まずその現実の苦しさを受け入れることから始まる……この真理を彼らは、頭ではなく体の深い部分で会得しているのです。

そこから「あきらめ」という知恵も生まれてきます。ここでいうあきらめとは、私たちがふだん使っている「断念する」という意味の後ろ向きの言葉ではありません。

人間の力ではどうにもならない事実を「明らかに知る」という意味です。「明らめ」

です。

つまり、目の前の現実をしっかりと見きわめて、それをありのままに受け入れること。大切な人との別れという、どうしようもなく悲しく、認めたくない事実からも目をそらさず、その現実を自分の中に受容することです。

その「明らめ」からしか、悲しみに耐え、苦しみを癒す心理的耐性は生じてこないという事実を、彼らは経験的に知りすぎるくらい知っているのです。

でも、そうやって悲しみに耐えながら、悲しみと向き合っていると、やがて、しみじみとわかってくることがあります。その悲しみの中にも優しさは存在すること、救いもまた悲しみの中から生まれてくる事実です。

あるいは、幸福の中にも不幸の芽があり、不幸の中にも幸福の種が隠れている。そのような人生の真理もまた、悲しみを経るたびに……心の中に雪が降り積もるように……だんだんと理解できてくるのです。

幸せと不幸は双子の兄弟である

幸せと不幸は遠く隔てられ、別個に存在する水と油のようなものではありません。それどころか、その二つは一枚のコインの裏表に似て、互いに分けることのできない関係にあります。

たとえば、人は幸せを手にしたとき、同時に不幸せの種もつかんでいるものです。恋人と出会った瞬間から別れの影がつきまとい、親からたくさんの財産を受け継げば、それと同時に失う恐れも生じてきます。

必死に勉強して念願の学校に合格したが、そこではひどいいじめがはびこっていて、自分がそのターゲットになってしまった。喜びがあっという間に苦しみに転じてしまうこともめずらしくありません。

また、「起きていれば文句ばかりで、寝ているあいだはイビキがうるさい。夫がいなくなってくれたら、どんなに清々することかしら」とグチをこぼしていた奥さんが、ご主人に先立たれたあとで寂しそうにいっていました。

「いなくなってみると、あの文句やイビキがなつかしい。あのイビキがあったから、私は安心して眠れていたんですね」

当たりまえに存在していたときには悩みの種でしかなかったものも、いざ失ってみると、それが日常の幸福を形成していた大事な一要素であり、二度と取り戻せない貴重なものであったことに気づくのです。

時が過ぎれば、嫌なことがなつかしく、苦しいことが楽しく思い出され、悲しみも喜びに変わっていく。こうした二面性は幸せと不幸にこそ顕著で、繰り返しになりますが、幸福と不幸は双子のような関係にあって、幸せが不幸を引き寄せ、不幸が幸せを育てるのはちっともふしぎではないのです。

それを実感した私自身の例をお話ししましょう。

私の長男は一歳の誕生日の後に小児ガンを患いました。そうなってみてはじめて気づかされたのは、小児ガン病棟のお母さんたちに笑顔が絶えないことでした。いつ消えてしまうかもわからない幼い命だから、生きているあいだにできるだけ楽しい思い出をたくさん与えてやりたい。そう思う親の心が涙を抑え、悲しい表情をつくらせないのです。

でも、夜になって、子どもたちが寝静まると、あちこちから押し殺したような嗚咽《おえつ》が聞こえてきます。「元気に産んでやれなくてごめんね。こんな痛い思いをさせてしまってごめんね。お母さんを許して」。そういう悲鳴のような泣き声です。

私は息子をその病棟に入院させているあいだも、カウンセリングの仕事を続けていました。しかし、まったく仕事にならないような心境になりました。「子どもが親の私に反抗ばかりしている」「親の望む学校へ行ってくれない」、そういった相談者の悩みに以前のように、共感もできなければ受容もできないのです。カウンセラーとしての基本セオリーすら維持できないのです。

「何をいいたいんだ、この人は？　親に逆らうほど子どもが成長したことを喜べばいいのに。幸せそうだな」

そんなゆえもない被害感情すら覚えました。それが理不尽ないいがかりであることは百も承知しながら、相談者の悩みが自慢にしか聞こえないのです。
「愛するわが子は『パパ』とも呼んでくれないまま、たった一年の短い生涯を閉じるかもしれないのに、あなたの子どもは親に逆らうほど元気じゃないか。それ以上の、どんなぜいたくを望むのですか？　子どもが健康に生きている。そのとてつもない幸せになぜ気づかないんだ」と……。

当時の私の中には、「子どもが元気でうらやましい」という感情だけが渦巻いていました。

そのわが子もいま、笑い、時おり挫折《ざせつ》して学びの日々を過ごしています。病気を克服して、元気に育っています。むろん成長の途上で、親に反抗もすれば生意気なこともいい、ときには私と取っ組み合いのケンカをしたこともあります。

しかし、そういうささいの瞬間さえも私には幸せに感じられました。親に逆らい、親とケンカする。それはまさに子どもの健康の証《あかし》であるからです。死の淵《ふち》まで追いつめられた人間にとっては、生きている、ただそれだけで最高の幸せであり、天の加護を得たこのうえない喜びと感じられたのです。

つまり、かつての不幸がいまの幸福の種子となっている。苦しかったことこそが楽しかったのだと、私はいまになってつくづく感じます。

むろん、世の中には、その逆のケースもたくさんあるでしょう。ですから、幸せと不幸は別々のものではなく、悲しみがやがて喜びに変わり、楽しみが苦しみの引き金になるといった双子の関係にあるのです。

「人間が不幸なのは、自分が幸福であることを知らないからだ」

文豪ドストエフスキーの言葉ですが、これは至言です。つまり、どんな出来事の中にも、かならず幸せと不幸の両方の要素が入り混じっているのに、人間はその二面性のうちの一面しか見ようとしない。

だから、私たちが不幸を感じるのは物事の暗い面にしか目を向けていないからなのです。逆にいえば、物事の明るい面に目を向ければ、それだけでその人の心に幸福の光が射しこんでくる。幸せと不幸のどちらに焦点を当てるかによって、私たちの人生の色合いは劇的に変わってくるのです。

無意味なこと、不必要なことなど起こらない

「幸福と不幸はメビウスの輪ように一つながりで地続きのものなんだ！」

それが子どもの病気から私が学んだことでした。

幸せと不幸、喜びと悲しみ。そういう一見、対立物に見えるものは、実はねじれながらつながっていて、悲しみもずっと指でたどっていくと、いつの間にか喜びへと反転していきます。不幸が幸の要因となり、楽あれば苦ありで、楽しさが次の苦しさにつながっていくこともあります。

みんな地続きにつながっていて、すべてはある出来事の結果であり、その結果は次の出来事の原因となっていく。そのように因果はめぐり、永遠に繰り返されていきます。

したがって、ある一点だけを見て、何が幸福で何が不幸かは即断できません。出来

事を点で見ず、線で見ることが大切なのはそのためです。ある出来事のよしあしを正しく判断するには、時間の幅をとった中長期の視点が必要になってくるのです。

周囲の人から、私はよく「悲しみの話のネタに困らない人だ」といわれます。なるほど子どもの病気だけでなく、自分自身、子ども時代に愛する母親の死（父親の再婚相手で自殺による死でした）を経験したり、離婚と再婚を何度か繰り返す父親に対して葛藤《かっとう》し、幼いなりに大人たちの愛憎の中でいろいろなことを学びました。

しかし、いまになってみると、それらはすべて、私が現在手にしているいくばくかの幸福の要因となっていることに気づかされます。

もし、私が何不自由のない環境に育っていたら、いまの自分はなかったのはまちがいないことであり、かつての悲しみや苦しみはみんな「いま」につながっていて、いまの人生を築く土台となり、力となってくれたのです。

あの不幸があったから、現在の幸福がある。それがなかったら、いまの自分ではありえない……そんな原因と結果の法則を私は強く実感しています。

このことから、さし当たって、二つのことがいえると思います。

一つは、「過去を愛せよ」ということです。心理カウンセラーとして多くの人の悩みを聞いてきた経験からいえるのは、いまの自分を愛せない人はかならずといっていいほど、自分の過去を憎んでいるということです。

幼いころ受けたいじめのトラウマなど、忘れたい記憶ほど必要以上に引きずっているのです。その過去への憎しみが、いまの自分を不幸にしているといえるのです。

反対に、幸福な人はどんなに嫌なものであれ、思い出したくもないものであれ、自分の過去を受け入れています。愛さないまでも、すべて「いま」へたどり着くために必要な事柄であったと過去を認めているのです。つまり、過去を受け入れることが幸福への一歩となるのです。

もう一つは、インディアンは、「必要なことはすべて必要なときに起こる」といいます。いまの自分が充実している人ならそれがわかります。いままで述べたように、あらゆる原因と結果はメビウスの輪のように一つながりのものです。

したがって、すべての出来事は「いま」へ至るための必然のプロセスの中にあり、そこで起きたことは全部、起こるべくして起こったことなのです。

つまり、起きたことにはなんらかの意味があり、人は自分が学ぶのに必要なものにしか出会いません。

そして、その人生の宿題の解答を苦しくても発見しなければ、人生の悲しみは、哀しみだけに終了します。

だから、いま悩んでいる人、苦しんでいる人がいたら、私はこういいたいのです。

「その悩み、苦しみもあなたにとって意味のある、必要なことなんですよ」と。

たとえば、子どもの不登校に悩んでいる家庭があるとします。それ自体は不幸な出来事かもしれません。でも、それをきっかけに夫婦や親子が真剣に話し合う時間を持てるかもしれないし、家族のあり方を見つめ直すきっかけになるかもしれない。そう考えれば、不登校という「不幸」にも十分な意味、価値が生まれてきます。

実際、カウンセリングなどで、「お子さんの不登校はご家族に与えられた宿題だと考えてください。そこから学べることも少なくないはずです」とアドバイスをすると、最初のうちは「他人事だと思って！」と怒っていたご両親も、やがて、

「先生のおっしゃるとおりですね。私たち家族が抱えていた問題をこの子が不登校と

いうかたちで明らかにしてくれたのかもしれません」と納得し、「この問題のおかげで、家族みんなで話し合うことができ、互いの理解も深めることができました」と感謝されることが多いのです。

悩みや苦しみ。そんな「負」のファクターも自分を変え、成長させるポジティブな種子となります。悩み、苦しんでいる最中にはなかなかそう思えないでしょうが、やがて「ああ、あのときの悩みがあったから、いまの自分があるんだ」と理解できる日がかならずやってきます。

すなわち、長い目で見れば、人生に意味のない出来事などなく、自分に起きることはすべて必要だから起こっている。そのことが心の底から理解できるはずなのです。

考えてみれば、私たち生命の存在も偶然に支配されているようで、実は、生まれるべくして生まれ、死ぬべくして死んでいく必然的な存在なのかもしれません。

私たちはそれぞれ、巨大な河の中の一滴の水のような存在で、その一滴一滴には大河がどんな目的で、どこを目指して流れていくのか、計り知ることはできません。

けれども、大いなるものの意思のもとで、きわめてちっぽけながらも、それぞれ固有の意味を持ち、固有の役割を果たしながら生きている。したがって、人間の目に偶然と映るものものみんな、人知を超えた大いなるものの摂理にもとづく必然に支配されているのかもしれない。インディアンの人々と自然の中で生活すると、そんなことを素直に受け入れられるのです。

そのように考えると、すべては起こるべくして起こっていて、あらゆる出来事には意味があるという考え方の輪郭が、より明確に見えてくると思います。

「得ると色あせる」幸せのパラドックス

話が少しずれたようですが、人間の幸福にはもう一つのパラドックス（逆説）が含まれています。それは「得ると色あせる」という点です。

幸せというのは、それがあこがれであるときにもっとも輝きを放ちます。ですから、いざ、そのあこがれだった幸せに到達してみると、それは意外にも平凡で退屈なものとしか感じられないことが多いのです。

貧しい時代に生きていた人にとって、現代のように、寒いときにはヒーターがあり、飽きるほど食べられるという恵まれた生活や豊かな社会は、夢のような理想郷でした。しかしいざ、そんな社会が実現してみると、どうでしょう。豊かな社会に生きる人々は豊かさへの感謝よりも、むしろ退屈や閉塞感のほうを強く感じているのではないでしょうか。

幸福を手に入れると、幸福を幸福と実感しにくくなる。つまり、人は幸せを得ると、幸せを失いやすいのです。

恋愛と結婚の関係にも同じような側面があります。恋愛中には、互いにこの人しかいないと思い、一緒に暮らすことを切望する。しかし、実際に望みどおりの結婚生活が始まってみると、相手の欠点ばかりが目につき、しだいに、えくぼがあばたに、あこがれが失望に変わっていく……。

仕事も同様でしょう。あれほど就きたかったあこがれの職業も、それが毎日のルーティンとなると、しだいに感動は薄れ、やりがいの乏しい繰り返しになってしまう。

何につけ、得ると色あせる幸福のパラドックスから、私たちはなかなか自由になることができないようです。では、どうすればいいのでしょう。やはり、二つの大切な点が指摘できると思います。

一つは、ほんとうの幸福とは到達点でなく、「道のり」にあると知ることです。

昔、お金のなかった学生時代に、私はウィンドウに飾られた一着の革ジャンが喉《のど》から手が出るほど欲しかったことがあります。毎日のように、その品をながめ、売れてしまわないよう願いながら、アルバイトに精を出して、ある日、やっと手に入れることができました。

その後、もっと高い品物を買えるようになり、そのときの革ジャンよりもいい服を身につけられるようにもなりましたが、あの革ジャンはいまも捨てられないし、それを買ったときの喜びは、その後、ほかの何を買っても越えることがありません。

あこがれの品を「なんとしても欲しい」と夢見ながらアルバイトしていた、その過程において、私は最大の幸福を感じていたという事実です。

つまり、幸せとは、何を手にしたかという結果よりも、何を目指したかという道のり＝プロセスにこそ存在しています。手に入れたもの……成果の大きさや到達点の高さで幸福の度合いを測るのではなく、手に入れるべく努力を惜しまなかった時間と、その努力の深さによって、幸福の度合いは測られるべきものなのです。だから、夢を求めているときが、夢の最高値なのです。

戦後、日本人を支配してきた右肩上がりの思想はいまだに根強く私たちの中に残っています。「目標に到達しないと価値がない、幸福になれない」という幻想をいまだに払拭《ふっしょく》できないでいるのです。

でも、その結果主義のもとでは、人間の欲望は際限もなく肥大するばかりです。一つの目標を達成しても、すぐにもっと大きな欲望が生まれてくる。革ジャンを手に入れたなら、次は車、そして家……果てしない欲望の広がりが繰り返されていきます。

そして、そのような際限のない欲望の中では、心の安息や幸福を見出すことができないのです。それはゴールのないマラソンを走っている、いや、走らされているのと同じだからです。

以前に、星野道夫さんの言葉を紹介しました。世界のすべての風景をカメラに収めようと出た旅の途中で、星野さんは逆に、世界には写真に撮れない風景のほうがずっとたくさんある、その事実のほうに、より大きな希望と喜びを感じるようになりました、と……。

幸福もまた、これと同じです。得ようとして、まだ届かない。その途上やプロセスにこそ幸福は存在しています。目標を達成することよりも、達成を目指して努力している道のりに、私たちの幸せの母体はあるのです。

道のりを重視するプロセス主義。それが「得ると色あせる」幸福のパラドックスの罠《わな》に陥らないための一つの方法なのです。

幸福を求めるよりも「安心」を求めよ

いまも多くの日本人から愛されるキャラクター、「フーテンの寅さん」を生み出し、最近では、『武士の一分』や『たそがれ清兵衛』などの時代劇をつくっている映画監督の山田洋次さんは次のようにいっています。

「昔は『幸せ』という言葉はなかった。それに代わる言葉があるなら、それは『安心』だった」

幸せという言葉が生まれてから、あるいは「こんな生活が幸せだ」という幸福の一般的イメージができあがって以降、現代人は不幸になったのだと山田監督はいいます。これは卓見というべきでしょう。

日本の心理学者の最高峰・河合隼雄先生も幸せと安心について、著書の中でこのような意味のことを述べています。

「一般に言って、幸福とは、お金があって、仕事がバリバリできて、自分の好きなことがどんどんできる、というようなイメージがある。アメリカのパーティに行くと、そんな典型的な人にお目にかかれる。しかし、すべてに自信があふれている、ということは伝わってくるが、『安心』のほうはサッパリなのである」

幸せなのに安心できない、満ち足りているはずなのに、ちっとも「心の安らぎ」を得られない……たしかに、こういう人は少なくありません。なぜなのでしょうか。

それは、世間が求め、社会に流布している「幸せとはこういうもの」という幸福のステレオタイプにとらわれすぎているからです。たとえば、お金、地位、名誉、ブランド商品。そうしたものが幸福にとっての必要条件であり、それらを一とおりそろえないと世間的な幸せは得られない。そう思いこんでいる人が多いのです。

世間一般の人たちが願うのと同じレベルで、世間と同じような生活を維持することが幸せというものだ……でも、こんな「横並びの幸せ」を追っている限り、幸福は得られても安心は得られません。その幸福の画一的イメージから一度ズレると、足りない、届かないという不安や嫉妬《しっと》や焦りで心がいっぱいになってしまうからです。

　では、どうすればいいのか。山田監督は『たそがれ清兵衛』の中で、奥さんを失い、二人の娘を育てながら、平凡な日常を誠実に生きている主人公（そのために周囲から〝たそがれ〟と呼ばれて軽く見られている）にこういう庄内弁のセリフをいわせています。

「娘らが日々成長していくのを見るのは、畑の野菜や草花が日々育っていくのを見るのと同じくらい楽しいもんでがんす」

　刺激に富んだ、燃えるように激しい幸せよりも、日々の平凡な営みの中から生まれてくる幸せに人の心の安らぎはある。畑の野菜や道端の草花のような、ありふれた等身大の生活の繰り返しの中に「安心という幸せ」があるのだ。

　山田監督は清兵衛にそういわせているのです。つまり、世間並みの幸せでなく、世間と比べない幸せを求めよ。たくさんのものに囲まれた大文字の幸福を欲張るのではなく、ものはなくても心が平安な小文字の幸福に目を向けよ、というメッセージです。

　安らぎを得たかったら、宝石で身を飾るよりも、食卓に花を飾るべきなのです。

　私は年間二百回くらいの企業講演や社員研修を行っていますが、そこで管理職の方相手にこんな問いかけをすることがあります。

「みなさんにはたくさんの部下がいると思いますが、その中に、みなさんが定年退職したあとも、一升瓶下げて家まで遊びにきてくれるような部下はどれくらいいますか?」

この問いに、たいていの人が意表をつかれて、しんとしてしまうことが多いのです。

私は続けます。

「有能な組織人、尊敬される上司。それも大切です。しかし、もっと大切なのは、役職や肩書きを外しても、一人の人間として、部下や周囲の人から慕われることではないでしょうか。みなさんには仕事ができる部長よりも、定年後も、部下が家に遊びにくるような部長を目指していただきたいのです。それはみなさんの『人間の生地』が、すなわち裸の自分が人に好かれ、愛されている証拠だからです」

優れた能力よりも、人に安心感を与えられる人間的魅力を備えよ(むろん、その両方あるのが理想なのですが)という、私なりのメッセージなのです。

これは自分自身もそうで、私はカウンセラーとして尊敬されるよりも、「衛藤先生と一緒にいると楽しい」「あなたといるとなんだかホッとする、安心できる」といわれるのを究極の目標にしています。

さきほど紹介した河合先生の言葉には、実はこんな続きがあります。

「『安心立命』という言葉があるが、この言葉を生きている人は、しっかりと大地に根ざしていると感じられ、その人の傍らに行くだけでも、こちらが安心しておられるような、そんな人である」

まさに、そんな人に私自身なりたいし、周囲の人にも、人に安心感を与えられる人になるようすすめています。

なぜなら、人に安心を与えられる人の頭上に幸せは訪れるからです。人に安らぎを与えられる人はまた、人生から周囲から「安らぎという幸せ」を与えられる人でもあるのです。

不完全であることを肯定しよう

「先生、私は完全にリラックスできる時間が全然持てないんです」

カウンセリングの場で、こんな悩みを打ち明ける人は少なくありません。

でも、心の底から完璧《かんぺき》にリラックスすること、それ自体が幻想なのかもしれません。毎日を安らいだ状態でゆったりと暮らせる。それは理想ではあっても、現実には不可能なことだからです。

私たちが手にすることが可能な現実的な幸福とは、忙しく緊張した日々の中に時おり、ふっと肩の力が抜ける安らぎの時間が訪れる。そんなコーヒーブレイクのような幸福なのです。

つまり、リラックスとは力を抜くことなのに、そのリラックスを求めるために肩肘《かたひじ》張って完璧なリラックスを求めずにはいられない。そんな「完全病」にかかっている相談者さんが多いのです。すべて完璧でないと幸せになれないと思いこみ、未完成や未達成であることを許容できないのです。

私には、その完全病が社会にうつを増やし、現代人の不幸を生み出している大きな要因となっている気がしてなりません。その病を克服するには、繰り返しになりますが、「成功に到達しないと価値がない」という結果主義から、「道のりを楽しむ」プロセス主義に頭を根本的に切り替える必要があります。

なるほど、未達成や未完成とは「失敗」のことなのかもしれません。しかし、失敗や不足の中にこそ、学びや優しさに出会う瞬間があるのです。私たちには失敗する権利があるのです。

アメリカインディアンも、成功よりも「失敗を語る」ことに重きを置く文化を持っています。彼らの生活の中にはいまでも、若さよりも老いを尊ぶ「老成哲学」が息づいていますが、それは老人や長老と呼ばれる人が村の若者に失敗を語る「語り部」の役割を担っているからです。

うまくいったことよりも、うまくいかなかったことにこそ学ぶべき経験があり、そこから種族を存続させるのに必要な知恵も生まれてくる。舗装された平坦《へいたん》な道よりも紆余《うよ》曲折《きょくせつ》の多いデコボコ道にこそ、後の世代に語り継ぐべき教訓や物語が豊かに含まれている。インディアンはそのことを実によく知っているのです。

私たちもまた、未達成や未完成という失敗をあるがままに受け入れる必要があります。不完全であることを肯定してみる必要があるのです。できないことは、まだ、やれることがたくさん残っていることなのです。ゼロは可能性の数字です。

行きたかった学校に入れなかった、就職のとき望んだ会社に合格できなかった、好きな相手と結婚できなかった、結婚しても子どもができなかった。子どもはできたが思いどおりに育ってくれなかった……人生はこうしたフラストレーションの連続です。ストレス満載です。

でも、そうであるからこそ、心の安らぎを得るためには、その不完全な状態を不完全なまま認め、次のステップに向かうのです。結果が出なければ行動しても意味がないでは、ゼロは、永遠にゼロのままです。実際には動いた分だけゼロよりも「ある」状態なのです。ゼロで生まれ、足らなさを知り、人生の中で足りていることもある小さな幸せが見えてくる。それが不完全な存在である人間にとって幸せを得るために必要な〝知恵〟なのです。

といっても私は、「失敗に満足せよ」といいたいのでもなければ、結果を出すのを、はなから放棄する負け犬根性のすすめを説いているのでもありません。

やるべきことはやって、それでもかなわなかったときには腹をくくって、その結果をいさぎよく引き受ける。過程に全力を尽くして、あとはいさぎよく天命にまかせる。そうした結果に固執しない、やはりプロセス重視の生き方をすすめているのです。

もっといえば、完全でも不完全でも、そのいずれをも楽しめる力を身につけようということです。お金がなければないで楽しめる。あればあることを楽しめる。一流のフランス料理もおいしく食べられるし、コンビニの海苔弁当にも舌鼓を打てる。無人島でも生きていけるし、大都会の中にも楽しみを見出せる。

そんなふうに、どんな環境のどんな状態にあっても幸せを感じ、味わえる能力。そうした心の強さを私は「マインドタフネス」と呼んでいます。

その心の強さを備えたとき、幸福を外に求める必要はなくなります。お金やモノの豊かさに左右もされなければ支配もされない、確固たる自家製の幸福を自分の内側に築くことが可能になるのです。

本章の冒頭で、「一年に三日いいことがあれば最高に幸せ」と考えるトップセールスウーマンを紹介しましたが、彼女みたいな幸せ上手になるためには、何よりも、失敗、不足、不完全さや、未達成といった「苦しみも人生のエッセンスとして味わえる」メンタルタフネスを身につけることが大切になってくるのです。

第2章

「いま」という瞬間の大切さ

幸福とは「いま」を深く生きること

人の悩みには一つの特徴があります。それは、あまたある心配事の中で、「たったいま」解決しなくてはならないものは意外なほど少ないという点です。

私たちが抱える悩みの多くは、もう過ぎてしまったことをくよくよ後悔しているか、まだ、やってこない未来の悩みごとを先回りして心配しているか、そのどちらかなのではないでしょうか。

「三日前のプレゼンテーションはちっともうまくいかなかった。上司の評価はガタ落ちなんじゃないか」と過去の失敗を引きずる。あるいは、「明日、病院の検査を受けなくてはいけない。何かとんでもない病気が見つかるんじゃないか」などと、そのときになってみなければわからないことをいまから思い悩む――。

そんなふうに、「いま現在」生じているものではない事態について、あれこれ頭を悩ませ、不安を覚えているケースが多いのです。

猫や犬はそうではありません。彼らはいまが満腹なら、「次のエサをいつ食べられるだろうか」などと心配することもなく、しごく満足そうに毛づくろいなどをしています。

それを見て、私たち人間は「やつらは気楽でいいよなあ」なんて思いますが、どちらの幸福度が濃いかといえば、これは「やつら」のほうに軍配が上がります。

いまに満ち足りて、先のことを思いわずらわない。現在に没頭して、過去のことも未来のことも頭から放している。それによって、「いま」を深く生きることが可能になっているからです。

過去、現在、未来。人間はその三種類の時間を持っていると思っていますが、どこまでいっても私たちは現在しか生きられません。

過去はもう過ぎてしまった時間だし、未来はまだやってこない時間だが、それでもオレには過去があり、未来がある。そんなふうになんとなく安心していますが、実は、そう思っているのも「現在」のあなたでしかないのです。

つまり、過去も未来も現在の一部であり、過去は記憶の倉庫としての現在であり、未来は想像としての現在なのです。であれば、幸せもまた過去や未来には存在しません。幸も不幸も、悲しみも喜びも、みんな現在にしかありえないのです。

ですから、その「いま」をどれだけ大事にして、いかに楽しむか。いま、この瞬間をどれほど深く味わえるか。それによって私たちの幸福の深さは決まってきます。

かつてのベストセラー『ホームレス中学生』（麒麟《きりん》・田村裕著、ワニブックス刊）の中に味わい深いエピソードが出てきます。貧しくてまともに食事も摂れない主人公の少年がやっとありついたご飯を飲みこむのがもったいなくて何十回も噛《か》む。ご飯の味はなくなってしまうが、それでもまだ何十回となく噛んでいると、やがてご飯の味とも異なる、なんともいえない深い味わいが口中に広がってくる。そんな場面です。

そこでは少年は噛むという行為にひたすら没頭しています。現在という時間にこれ以上はないくらい集中している。

その点で……過去も未来も遮断して、いまこの瞬間を深く咀嚼《そしゃく》しているという点で、このとき、少年はどんな悩みからも解放され、満ち足りた時間を過ごしているといえます。

豊かな社会に生きるどれだけの人が、この少年のように「いま」の生を味わう体験をしているでしょうか。現在すべき行為であっても、「べつに明日でもできることじゃないか」などと思って漫然と行っているのではないでしょうか。

あるいはまた、過去のことをいつまでもくよくよ悩んだり、未来のことを先回りして心配したりしていないでしょうか。

それはいまという時間をおろそかに扱っていることにほかなりません。それでは幸福を手にすることはむずかしい。いまこの瞬間、現在ただいまを濃く、深く味わうことの中からしか幸福は生まれてこないからです。

明日の豊かさを願うより、今日満ち足りることに努める

ある知り合いのお医者さんから聞いた話ですが、あるとき、重い病気で闘病中の患者さんから相談を受けたのだそうです。

その年配の、父親ほどの年齢の男性患者は、「もう年ですから、この世にさほどの未練があるわけではない。でも、せめて死ぬときくらいは笑って死にたい。どうすれば、それが可能でしょうか」という。

人間のよくできた若いお医者さんはしばらく考えてから、にっこり笑いながら、こう答えたといいます。

「死ぬときなんていわずに、いま笑ってみませんか」

「だから、いまは苦しくて……」

といいかけて、年配の患者さんはお医者の真意を理解したようにうなずき、これま

たにっこりと、実にいい笑顔を浮かべたのだそうです。

そう、若いお医者はこういいたかったのです。

「いま笑えなければ、死ぬときにも笑えないでしょう。今日笑えない人は明日も笑えないでしょうから」

つまり、お医者さんが伝えた思い、患者さんも心の奥深いところで受け止めたのは、いまを深く生きることの大切さ、いまという時間のかけがえのなさなのです。

私もお年寄りを相手に同じような話をすることがあります。老人ホームなどを訪問したときに、人生の先輩に対して、「みなさん、人間誰しも、『いつでも、いまがいちばん若い』のです」と語りかけるのです。

なるほど過去から見れば、人間はいまがいちばん「老い」ています。しかし、未来から見れば、いまがいちばん若い。だから、何をするのにも遅すぎることなどないし、いまを精一杯、楽しまなくては損だといいたいのです。

すると、「そのとおりだ。このヒゲのお兄さん、なかなかいいことをいう」とみなさんおおいに納得し、喜んでもくれるのですが、これは実は、私が私自身を励ますときのキーワードでもあるのです。

人間四十歳を過ぎると、「ああ、オレも年をとったなあ。これからはもっと人生の下り坂を強く意識させられるんだろうなあ」などと理由もなく気分が落ちこむこともあります。

そんなとき、視点を思いきって現在から未来へとスライドさせ、その未来の目でいまの自分を見つめ直してみるのです。すると、「未来から見れば、いまの自分はまだ生まれたばかり」というポジティブな自己暗示が可能になり、いまの大切さが再確認でき、元気を取り戻すことができるのです。

アメリカインディアンも、未来よりも「いまを祈る」種族です。現代人の多くは「明日はもっと幸せにしてください」と祈りますが、インディアンは「今日と同じくらいすてきな日々が七世代先まで続きますように」と祈るのです。

彼らがセブンス・ジェネレーション（七世代）というとき、それは未来永劫《えいごう》を意味しています。つまり彼らは、よりよい明日よりも、いまこのときのふつうの幸せを希望するのです。

「明日はもっと」という祈りは、今日が不足だから、不足でない明日を約束してくださいという願いにもとづいています。「まだ足りない」「もっともっと」という現代人の右肩上がりの欲望がもたらす呪文《じゅもん》のような祈りといえます。

明日は今日よりもっと豊かになろうと未来にばかり目を向けている結果、いまという時間をおろそかにしてしまう。そんな現代人の不幸を象徴するような言葉ともいえましょう。

インディアンはちがいます。彼らの思いは、過去からつながり、未来へもつながっていく「いま」に集中しています。その喜怒哀楽に満ちた、充実した今日という日が明日も変わらずやってきますように、と現在の時間の永続を望むのです。

未来に豊かさを託すよりも、この瞬間のこの状態を充実して過ごすこと。いまを満ち足りることなしに幸せな未来など望めないこと。そんな、いまという時間のかけがえのなさを彼らは体の深いところで理解しているのです。

現代人の時間感覚は直線的であり、インディアンは円環的であるといえますが、いまが未来へ向けての単なる通過点と考えるのと、いまは過去と未来が重なった時間と考えるのとでは、生き方の重みや幸福度が大きく異なってくるはずです。

英語の「プレゼント」という言葉には、贈り物という意味のほかに「現在」という意味もあります。いまという時間は、私たちに与えられたかけがえのない贈り物なのです。明日よりも今日を祈り、未来よりもいまを充実させることが大切です。

いまという時間のかけがえのなさを思い知る

しかし、大切なものほど短命なのが世の常で、「いま」という大切な時間もまた、次の瞬間にははかなく消え去っていきます。

以前、息子が小児ガンを患った話をしましたが、同じ小児病棟に入院していた小さな患者には、息子のように病《やまい》が治る子どももいれば、残念ながら、天に召される子どももいます。

同じ病室で、みんなから「しゅんしゅん」と呼ばれて、みんなからかわいがられていた男の子もそうでした。彼はいつも自分の苦しみより、もっと幼い子どもを気づかう子でした。あるとき、そのしゅんしゅんに、一人の見舞い客が「しゅんしゅんは大人になったら何になるの?」とたずねました。

病室は一瞬、凍りつきました。将来がある可能性が低い子どもの不幸を思って、重病の小児病棟は少しシーンとなりました。その静けさを破るように、しゅんしゅんは素直に答えました。「おまわりさん」。

彼ならきっと立派な優しいおまわりさんになるだろう。誰もがそう思いました。でも、しゅんしゅんは大人になることなく、おまわりさんになる夢を果たすこともなく旅立っていきました。

亡くなる前日、いつもは聞き分けのよいしゅんしゅんが、お母さんに何度もこうたずねたそうです。「ぼくの病気は治るの?　ぼく、大人になっておまわりさんになりたい。大人になりたい」と……。

その大人の世界に、私たちはいま、なんということもなく生きているのではないでしょうか。多くの人がなにげなく過ごしているこの瞬間、それはしゅんしゅんたちがなんとしても、それこそ命と引き換えてでも手にしたかった……しかし、ついに手にできなかった……夢の世界であり、未来の時間なのです。

あなたがなにげなく過ごした今日という日は、昨日死んだ人にとってどうしても生きたかった明日であるのです。

それを思えば、私たちがいまここに生きていることは、ただそれだけで奇跡であることが理解できるはずです。はかなく過ぎやすい「いま」この瞬間が、それゆえ、どれほど貴重で、かけがえのない時間であるか。その実感が胸に迫るはずです。

ところが、時間という生き物はひどく寡黙です。その大切さを声にして人間に教えてくれることはしません。大切な時間ほど黙って過ぎ去っていきます。だから、多くの人が失ってはじめて、「あのとき」が何ものにも替えがたい大切な時間であったことを知るのです。

私はスポーツ選手の「悲劇」を思うことがあります。それは若くして栄光と賞賛を得られるものの、アスリートとしての衰えや限界もまた、三十代前後という若い時期に訪れてくる点です。

とりわけ心技体のうち、心と体の年齢のピークが一致しないのは、アスリートの抱える悲しい宿命といえるかもしれません。

つまり、肉体面がピークを迎える時期には精神面はいまだ未熟であり、「心」が充実するころには「体」はすでに下り坂にある……スポーツ選手は多かれ少なかれ、そうした精神年齢と肉体年齢のズレが生じやすいのです。

別のいい方をすると、アスリートは心の成熟期に「肉体的な死」を意識させられる宿命にある。そのとき、彼らはどう思うのでしょうか。

「ああ、肉体がピークのあの時期に、いまの成熟した心が備わっていたら、もっといいプレーができたのに。もっと充実した時間が過ごせたのに」

というものではないでしょうか。老いてはじめて若さの価値を知るように、「あのとき」の大切さに失ってはじめて気づく。そんな時間の寡黙さや残酷さを痛感しやすいのがアスリートなのです。

しかし同時に、いまこのときの大切さを知ることによって、短い選手生命の一瞬一瞬を完全燃焼させられるのも彼らの特権です。アスリートはまた、短いが濃い時間を送れる可能性を秘めた「幸福な種族」でもあるのです。

また、私はときどき、次のように感じることもあります。

それは、たとえば夕食後、家族全員がリビングでなにげない日常のそれぞれの時間を過ごしているとき、あるいは、朝、子どもたちが母艦から旅立つように、玄関から飛び出す朝のあわただしさの中に感じることです。

そんな一家団欒《だんらん》と呼べるほどなごやかではないが、といって、とりたてて不幸でもない、ありきたりな家族の光景。その光景を……当の家族の一員でありながら……私の心（意識）は少し離れた場所から第三者的にながめているのです。そして、こんなことを思うのです。

「毎日繰り返される、この変哲もない、平凡な光景。それもしかし、やがて失われていくのだろう。そうして、いつかずっと先になって、それが取り戻しようもない貴重な時間であったことに気づくのにちがいない。このなんでもない『いま』を、かけがえのない『あのとき』としてなつかしく思い出し、一度でいいから、あの日のあの場所へ戻りたいと痛切に思う日が来るんだろう……」

　そんなふうに自分と自分の家族の上に流れている時間のはかなさ、うつろいやすさ、あるいは、その大切さや貴重さをしみじみ実感することがあるのです。それは、家族だけではなく職場のステキな仲間と過ごしているときにも、ふと、この「いま」という瞬間を狂おしいほど、求める瞬間が来るのだろうかと……。するとすべての「いま」を味わわなければと強く思うのです。

　おそらく、「いま」を外からながめる心の働きが、なにげなく過ごしてしまう時間のかけがえのなさを明らかにして、この一瞬一瞬をしっかりと味わう役割を果たしてくれているのでしょう。

　もっとも、「いまここ」の大切さをいま感じられる深い心を養うためには、「あのとき、ああしていれば」という後悔や、多くのものに「さよなら」をいう喪失の経験をたくさん積み重ね、失う痛みを知ることも大切なのです。

「しゅんしゅん」は幼い心で、どれほど「いま」という時間が永遠に続くことを望んだでしょう。余命の短さを知った人の目に、最後かもしれないと見る桜の花はどれほど美しく映るのでしょう。その喪失の深さほどに、人はいまという時間のはかなさ、大切さを胸に深く刻むことができるのです。

コップ一杯の水にもストーリーを感じよう

いまを深く感じるためには、物事に「ストーリーを感じる力」も重要になってきます。

小さいころ、私の家の近くには禅寺があり、そこの住職に私はとてもかわいがってもらいました。あるとき、例によってお寺に遊びに行き、私が水道からコップに注いだ水を飲んでいると、後ろを通りかかった和尚さんが声をかけてきました。

「ノブくん、何を飲んでいるのかね」

なにげない質問だと思った私は、「ただの水だよ」と答えました。すると和尚さんは、

「そうかなあ、それはほんとうに、ただの水かな。もう一度、飲んでごらん」。

私はもう一口飲んでみましたが、やっぱり水は水です。

「いつもの水だよ」

「いや、ノブくん。それはただの水でもなければ、いつもの水でもないよ」

「？」

幼い私は面食らって、わけのわからないことをいう和尚さんに少し腹を立てていました。すると和尚さんは優しく諭すように、次のように説明してくれたのです。

「ノブくん、それは『今日の水』だ。ほら、窓の外を見てごらん。山の上に雲があるだろう。あの雲から降り注いだ雨が地面にしみこみ、大地の栄養分を吸収しながら土の中を通り、やがて貯水池から水道管へ運ばれて、蛇口からそのコップへ注がれた。ノブくんに飲んでもらうために、長く遠い旅をしてきたんだ」

「しかも、それはノブくんが蛇口をひねり、コップを差し出したときに、たまたま流れ出た水だ。蛇口をひねる、あるいはコップを差し出す、その時間が少しでもずれていたら、決して出会うことのなかった〝特別〟な水なんだ。昨日同じことをしても、明日同じことをしても、出てくるのは、それとはちがう水だろう。つまり、そのコップの水はノブくんにとって、今日しか出会えない今日だけの水だ。とても縁《えにし》の深い水なんだよ」

だから、ただの水とかいつもの水だと安易に飲んでしまうのでは水がかわいそうだ、精一杯、いつくしんで飲みなさいと和尚さんはいったのです。

私は促されて残りの水をゆっくり味わいながら飲み干しました。子どものことで暗示にかかりやすかったこともあるのでしょうが、たしかに「これは今日だけの特別な水だ」と思って飲む水は、ただの水よりもはるかにおいしいと感じた記憶があります。

いまでも私はことあるごとに、このエピソードを思い出すのですが、和尚さんが幼い私に教えたかったのは、一杯の水にも「ストーリー」を感じる心の大切さだったのだと思います。

ある事柄を時間の流れの中に浮かんでは消えていく単なる断片としてとらえるのではなく、その物事を一つながりの生命体として考え、その命がここに至るまでの背景や歴史＝ストーリーに想像力を働かせること。

それが物事を「きちんと見る」ことにつながり（仏教の言葉では「正見《しょうけん》」というそうです）、また、いまという時間を深く味わうために必要になってくる。そのことを和尚さんは伝えたかったにちがいありません。

たしかに、そうした観点からながめてみると、すべてのものにストーリーが存在していることがわかります。

いま着ている服一つとっても、デザインする人もいれば、布地をつくる人もいる。裁断や縫製をする人もいれば、ほつれがないかをチェックする人、袋づめする人、運搬する人、店で売る人。一枚のシャツにも、たくさんの人が関わり、そのぶんだけのストーリーが込められています。

職場の仲間にも歴史があり、同僚も、先輩も、後輩も、子どものときから学生のときにかけて、さまざまな人との出会いや別れ、多くの悲しみや喜びを経験して、ここで出会って仕事をしているのです。その日ごろは知ることのない歴史とストーリーを想像することによって、見慣れた日常に、新鮮な気持ちで関われるのです。そう考えれば、一緒に働くことの出会いもまた一期一会の、奇跡のようなものであることに気づくでしょう。

どんな「いま」も、「単なるいま」でもなければ「ただのいま」でもありません。それらはすべて背後にさまざまなことが折り重なり、さまざまな物語を持った「特別ないま」なのです。だからこそ、いまを深く咀嚼するために物事のストーリーを感じる力が大切になってくるのです。

「今日が人生最後の日」と思って生きてみる

これとまったく同じことを、私はアメリカインディアンからも教わりました。彼らはいいました。「ハンバーガーにもストーリーがある」と。

私が彼らの前でハンバーガーを食べようとしたときに、一人のインディアンがこう語ってくれたのです。

「そのパンはアメリカの大地をわたる風の中で揺れていた小麦からできているだろう。そのビーフはまた別の大地で草を食《は》み、ゆっくり流れる雲を見ながら成長した牛が姿を変えたものかもしれない。そのレタスは大地の香りを嗅《か》ぎ、虫たちのささやきを聞きながら大きく育ったにちがいない。そのトマトは太陽の光を吸いこみ、朝露に輝きながら色づいていったのだろう」

「いま、きみの手の中にあるハンバーガーには、そうした自然すべてが詰まっている。きみは大自然とつながっているんだ。単なるハンバーガーと思って食べるとき、そのストーリーは死んでしまう。しかし、ハンバーガーにも自然や宇宙を感じるとき、それは特別なごちそうになる」

一つの深い真実をこれほど詩的に表現した例を、私はいまに至るまで知りません。そして彼らのいうとおり、つい食べ急いでしまいがちなファストフードにも、その背景にストーリーを感じることで、一口ごとに世界の深みを味わえるのです。

つまり、ストーリーを想像することによって、ある一つの行為を深く味わうことができるようになり、いま過ごす時間の厚みや奥行きがまったく異なってくるのです。

あなたはどうでしょうか? ものを食べるとき、その食物の背景にある物語に少しなりとも思いを馳《は》せているでしょうか。カロリーがどうの、塩分がどうのなどとばかり考えてはいないでしょうか。そうやってストーリーを感じることなく、せわしなく噛んで、急いで飲みこんだ食べ物がほんとうにおいしく感じられるでしょうか。

日本には、古くから「いただきます」という言葉があります。命が別の命を頂戴《ちょうだい》するときの感謝の思いを日常的なわかりやすい言葉であらわしたものです。そこには食物を授けてくれた自然や、食物の生産や運搬にたずさわる人々への感謝の念もこもっています。

それはとりもなおさず、食物が食卓に上るまでのストーリーを感じることにほかなりません。先ほどの和尚さんの言葉でいえば、自然との縁を感じる力であり、それがいま過ぎつつある時間に、あるいは、いま行いつつある営みに、厚みや奥行きを与えてくれるのです。

このように、日本人はもともと、いまという時間の深みや重みを感じとる感性が豊かな民族です。あるとき、アメリカのセミナーでこんなことがありました。

そのセミナーには、「人生があと三日しかないと思って遺書を書いてみよう」というプログラムがありました。そう問われ、その気になって考えてみると、遺書に書き残しておきたいこととは、お母さんにいい忘れていた「ありがとう」をいっておきたいとか、迷惑をかけたままの人に「ごめんね」をいわなくてはいけないといった、身の回りの小さな事柄が大半を占めたのです。

まちがっても、お金持ちになりたいとか出世したいなどという、大きな欲望は出てきません。出てこないどころか、そんなものより大切なことが見えてくるのです。

そうして、三日あればできることを、どうしていままでしてこなかったのかと省みることができるのです。

でも、よく考えてみると、日本には古来、「一期一会」の精神が息づいています。あらゆる人やものとの出会いは一生に一度しかない、だから、悔いの残らないようにもてなせという茶の湯の精神からきたものです。

三日どころか、今日この一日一日、いまこの一瞬一瞬が最後のときと考えて、その現在「ただいま」にすべてを注ぎこむ精神性や文化を日本人は持っているのです。

私たちの心の中には、いまとは単なる現在の一点などではなく、過去から未来へ続く時間のすべて、すなわち永遠が詰まった「長い長い一瞬」であるという感性や精神が存在しています。

いまという時間の重みを知って、それを深く感じ、味わう――。そんなインディアンとも共通する、ふしぎな厚みを持った時間概念を、私たちは持っているのです。

そこで提案なのですが、毎日は無理としても、ときどき「今日が人生最後の日だ」と思って一日を過ごしてみたらどうでしょうか。今日で人生が終わる、次の瞬間には命が尽きる。そう仮定して、できる限り悔いが残らぬよう、いまできること、すべきことをやれる限りやってみるのです。

そのように一期一会、一日一生の精神で一日を生きてみる。すると、あなたが思っている以上に、「いま」が充実し、迷いや悩みの少ない時間を過ごせることに気づくはずです。

「答え」を自分の内側でなく外側に求めていないか

ところで、「ただの水などない」と教えてくれた和尚さんの話を講演やセミナーなどですると、こんな反応を見せる人がいます。

「それはどこのお寺の、なんというお坊さんですか。私もぜひ一度お会いして、お話を聞かせてもらいたいのですが」

教えたら、その足で現地を訪ねて行きかねないような勢いでたずねてくるのです。同様に、私自身についても、「すばらしいお話で感動しました。先生はどんな本を読んでいますか。どんな人が好きですか」などと芸能人でも見るような目で私を見ながら、〝楽屋裏〟を性急に知りたがる人がいます。

でも、こうした問いに私はいつも戸惑わされるのです。質問に答えたくないからではありません。そんな問いをたやすく投げかけてくる心理に、人生の解答を他人の口から簡単に得ようとする「他力本願」の安直さを感じるからです。

誰か優れた人物に会って、その人のありがたい言葉を聞けば、それだけで悩みがすべて解決する。霊験あらたかといわれる聖地やパワー・スポットに足を運びさえすれば、それだけで幸運がめぐってくる。どうも、そんなインスタントな癒《いや》し願望、幸せ願望がそこに働いているような気がしてなりません。

私はかつて、オウム真理教信者の脱出カウンセリングのお手伝いをした経験がありますが、元信者の話を聞くと、なるほど麻原某という教祖は話し上手で説得力がある、カリスマ性に富んだ人物だったようです。

しかし、それ以上に強く、信者の側にそのカリスマ性への盲目的な依存が感じられたのも事実です。つまり、尊敬する人物をひたすら絶対視して自分自身では何も考えようとせず、そのカリスマ的言動に心酔というか盲従してしまう。

そんな人間の愚かといえば愚か、危険といえば危険な安直さ、あるいは生真面目さを彼らは多かれ少なかれ抱えていたのです。

その安直さがどこから来るのかといえば、本来は自分の内側に見つけなければいけない「答え」を自分の外側に求める姿勢からだと思うのです。悩みや迷いを解消してくれる解答を、自分で考え探求していく代わりに、他人の口から「ご託宣」として聞きたがる安易な他力本願のなせるわざなのです。

かくいう私も、自分の中の安直さや軽薄さを指摘されたことがあります。指摘してくれた相手はやはりインディアンでした。

彼らの中で生活しながら、彼らの文化や哲学を遊学しているとき、彼らにこういわれたのです。

「一年（の勉強）で、私たちの何がわかるというんだ。川岸からいくら川を一生懸命ながめていても、川の水の冷たさや温かさ、泳いでいる魚の楽しさはわからないだろう。だったら、生活をともにして何年も過ごしてみなければならない」

そういわれてみると、私のしていることも、インディアンを神聖視するだけのインディアン詣《もう》でにすぎないと感じられて、当時はひどく落ちこんだものです。

「私たちの世界にやってくれれば、何か神聖なものに出会える。そう考えているだけでは白人たちと変わらない。観光客気分でいる限り、ここには何もない。ただ、インディアンのふつうの生活があるだけだ。しかしノブ、きみはいつか、きみの国にもグレート・スピリット（大いなる神）と触れ合う方法があるといってたじゃないか」

インディアンが祈るときには、先のとがったものをイコン（象徴）として用います。魔除けの意味があるそうですが、私はそのとがったものから、日本で正月に飾る門松を連想しました。

「それについて、もっとくわしく教えてくれないか」

門松のくわしい歴史は知りません。いろいろ彼らから質問を受けたのですが、私はほとんど答えられず、恥ずかしい思いをしました。

「ノブ、きみには、私たちの生活を知る前にすべきことがあるのではないか。それはきみ自身の、日本人としてのネイティブな心を研究することではないか？」

私には返す言葉がありませんでした。その経験以来、私はあらためて、「答え」を自分の外側にではなく内側に求める必要性を強く感じました。

幸福や癒しや希望や救い。それらの種子や根っこになるものは、外ではなく内に、あるいは、遠い場所にではなく、きわめて自分に近い場所にあると確信するようになったのです。

自分の歩幅で歩く人が、いちばん遠くまで歩く

「幸せはいつもあなたの隣にある」

ごくまれに色紙などにサインを求められたときに、私が書く言葉です。

幸いは山のあなたの空遠くに住むのではなく、いつも、あなたのすぐそばにあって、ほほえみながら、あなたに発見されるのを待っているのです。

そのほほえみに対してほほえみを返せれば、あなたは隣人である幸福と仲よくできる。しかし、ほほえみに気づかず無視したり、冷たい顔で通り過ぎていると、その隣人は世界でもっとも遠い隣人になってしまうのです。

幸福は外よりは内に、遠くよりは近くに、大きなものよりは小さなものの中にある……私たちが主宰する心理カウンセリング組織「日本メンタルヘルス協会」でも、このことを中心理念に据えて、人々の幸福を味わう能力をより深く開発することを目的にしています。

たとえば、セレブを気取って六本木ヒルズあたりで豪華な食事をする。あるいは、サザエさん一家のようにつましいながらも家族で食卓を囲む……私は後者のほうに、幸福の深さを感じられる人間でありたいし、また自分たちの活動を通じて、そうした小さいことの中に大きな幸せを発見できる「幸福の増幅装置」の考え方をたくさんの人に伝えていきたいのです。

いいかえれば、無理や背伸びをせず、等身大のまま幸福になれる道を探ろうということです。

幸福はタダではありません。それなりの代償を払わないと手に入らないものです。幸か不幸か、私は幼少時から人よりもたくさんの死や別れを体験してきましたから、いまでも幸福というのが、いかに壊れやすいものかを痛切に感じています。

「家族で暮らす」という、小さくささやかな幸せであっても、それを手にすること、維持すること、継続させることはとても困難なことです。世間並みとかふつうの暮らしというものが、実は、どれほど得がたく、ありがたいことであるか。安定した家族の中で暮らした経験に乏しい私には身にしみて理解できるのです。

だからこそ、あなたの隣であなたがほほえむのを待っている、ごくふつうの日常忘れかけていた「小さな幸せ」に気づかなくてはいけないのです。なにげない毎日の中で、たくさんの幸せを感じられる心を何よりも育てなくてはならないと考えています。

人生というマラソンを完走しようとしたとき、必要なのは、一定の呼吸やリズムを保ちながらイーブンペースを守ることです。つまり無理や背伸びをせず、自分の歩幅で走り、歩くことです。そして、もどることのできない瞬間の景色を味わい、ゆっくりと息長く歩く人がいちばん遠くまで行くのです。

あなたが木こりだったら、その日に必要な薪《まき》のぶんだけ木を伐《き》る。漁師だったら、家族を食べさせるだけの魚を捕って、それ以上を欲張らない。そのような自分の生活の歩幅を保持することが大切なのです。

実際、昔の人はそんな等身大の生活と小さな幸福の中で安定して暮らしていたのです。むろん、その暮らしを平成のいま、そのまま再現するのは現実的には不可能なことでしょう。

大きな地震がきたら、水も出ないし電気もこなくなる。ストになれば職場にも行けない。いまや電話がないと待ち合わせもお手上げ。そんな、一つのシステムがダウンすると暮らし全般をいっきに滞らせてしまうのです。そのような、高度に便利でありながら、きわめて不便な現在の生活。それが「行き過ぎた豊かさ」や「過剰な便利さ」という無理や背伸びの上に成り立ち、そんな何かに生活を依存した社会は、誰しもが不安を抱える、きわめてもろく、あぶなっかしい社会なのです。だから、自分の力だけで生活をしていたころはストレスや、うつ病が少ないのです。

この文明を一朝一夕に変えることはできません。けれども……ここでまた提案ですが……その等身大の思想を少しずつでも自分の生活の中に取り入れるよう心がけてみたらどうでしょう。

たとえば、一日でも電灯を消してロウソクを灯《とも》してみる。テレビを消して家族の会話を楽しむ。そんな必要最小単位の暮らしを身の回りから始めてみるのです。

隣にある幸せに目を向けて、自分のサイズと歩幅に見合った身の丈の暮らしを心がける。そこからきっと、ほんとうに密度の濃い幸福がわずかずつでもにじみ出てくるにちがいありません。

成功者よりも億万長者よりもすごい人

でも、「ふつう」であることを見下すような現代の風潮の中で、平凡な暮らしに幸福など存在しないと決めつけて、欲で、歩く歩幅をつい大きくしてしまう人は少なくありません。

そういう人の特徴の一つは、幸福や成功というものを世間的なイメージを通してしかとらえていないことです。いまの社会が認める成功しか自分の成功ではないと思いこんでいるのです。

だから、それを手に入れていない自分は負け組である。負け組である以上、自分を愛することなどできない。ふつうの自分が許せない……そう考えるのです。あるいは、小さな成功なんかじゃダメだ。もっとすごい、大きな成功を手に入れなければ世の中からは認めてもらえない。そんな強迫観念みたいな気持ちさえ抱いています。自分に自信がないから、すごい成功を求めて周囲に認めさせようとハードルを高くする。当然、目標が高すぎるので、その夢の頂には到達できない。だから、自信を失う。そして、さらに風呂敷を広げて実行不可能な夢を語る。

計画性のない夢だから当然、失敗することになり、さらに、自信を失うことになる。すると余計に他人に評価されたくて、努力もしないで高い目標に向かおうとするという悪循環に陥るのです。

弱い犬ほどよく吠《ほ》えます。勝ち組や成功を叫ぶのは、自信がないからなのです。先日も、私たちのカウンセリングや心理ゼミナールに通ってくる、ある若い生徒さんとのあいだにこんなやりとりがありました。

「ぼくも先生みたいに成功したいんです、人前で話をして、人の心をつかんで……ぼくから見れば、先生は成功者です」

「そう？　きみにとって成功のイメージってどんなもの？」

「そうですねえ。欲しいものが買えるだけのお金があること。あとは、社会的に名前が知られていること。有名になることかな」

「お金と名声。それがきみが考える成功者の条件？」

「ええ、たぶん」

　私は少し考えて、次のようにいいました。

「ぼくの経験からいうと、そういう成功者の中に尊敬できる人物は思うほど多くはないものだよ。ぼくがほんとうにすごいと思い、尊敬にも値すると考える人は、たとえば、真夜中の工事現場で誘導灯を振って、一生懸命にお孫さんに何かを買うために働いているガードマンのおじさんみたいな人だったり。あるいは何十年ものあいだ、子ども相手に笑顔で一個十円の駄菓子を売っているおばさんだったり。これといった趣味や道楽もなく、家族のために定年まで黙々と自分の仕事をこなしているサラリーマンだったり。そういう人たちかなあ」

案の定、その若い生徒さんはポカンとした表情をしていました。

そう、私が挙げたのは、彼のものさしで測れば、成功者とはほど遠いイメージの人ばかりです。お金もなければ有名でもなく、現代の価値観から見れば負け組に属するような人々です。

しかし、その無名の人たちはお金には換算できない栄誉を持っています。それは「ふつうである」という栄誉です。平凡でありきたりな生活を当たりまえのように積み重ねている。そのこと自体に彼らの栄光もあれば、幸福もあり、成功もある。私はそう考えているのです。

会社へ行って、お客さんに頭を下げ、上司に文句をいわれ、それでもグチは胸におさめて笑顔をつくり、泣きたくなる夜も歯を食いしばって、明日のために目覚まし時計をセットする。

ある奥さんは、毎朝毎晩、台所に立って家族のためにご飯をつくり、来る日も来る日も掃除、洗たくを繰り返して、家族の健康と子どもの成長を夢見ている。もちろん、社会から大きく評価されるわけでもない。

私がほんとうにすごいと思い、かなわないとも感じるのはそういう人なのです。彼らは成功者よりも億万長者よりも数十倍も偉い人だと、深々と頭を下げたくなるのです。

私はそういう人たちを「ちまたの癒し人ヒーロー」と呼んで、ひそかに深いリスペクトを捧《ささ》げています。ヒーローは地球のために三分間だけ活躍するウルトラマンばかりではありません。

いつも大きな声であいさつをしてくれる交番のおまわりさんや、すてきな笑顔を惜しまない事務の女性のように、とりたてて他人から評価も尊敬もされないが、地味で目立たないけれど「いま」この瞬間の仕事を一生懸命こなして、人知れず人のために尽くしている。そんな癒し人＝街の生きたパワースポットがたくさん存在しているのです。

ユダヤの聖典「タルムード」は、この世の中は数人の「義人」によって平和が成り立っていると教えています。その聖なる人々は農民や職人といった地味な職業に就き、ふつうの暮らしの中で神の摂理を生きているとされています。

そうして彼らは例外なく、自分たちが世界の調和を支えている義人であることにまったく気づいていない謙虚な人たちだといいます。少なくとも私のように、人前で何かわかったようなことを語り、みなから先生などと呼ばれるような人間でないのはたしかなのです。

そんな、ごくふつうの汗と笑顔の義人が、いまだ、この空の下に生きていて、彼らによって世界は支えられ、だから、神さまは世界を滅ぼさないのだと。

金持ちがいくらいようと、有名人がいくら存在しようと、神さまは、世界にすぐに見切りをつけて滅ぼしてしまうそうです。そう考えることは、私たちの幸福にとってムダなことではないはずです。

そう考えることによって、この世界が少し好きになれ、窓から見える町の景色を美しいと感じられるからです。周囲にいる人をちょっと愛してみたくもなるからです。

そう、幸せがあなたの隣にあるように、ほんとうのヒーローは、実は平凡な姿と顔をして、あなたの隣に存在しているのです。

ヒーローとは平凡な人生を非凡に生きる人

平凡な生き方を貫き通すのは思っている以上にむずかしいことです。そのほうが非凡で破天荒な人生を送るよりも、はるかに強い心、安定した心を必要とするからです。その意味で、平凡こそが非凡なのです。

それで思い出すのは私の妻の父親のことです。もうこの世の人ではありませんが、義父ほど自分の身の丈、自分の歩幅を守って、平凡で非凡な人生をまっとうした人を私はあまり知りません。

真面目で正直な、好人物を絵に描いたような人で、長年、勤めた会社を定年前に体よくリストラされたにもかかわらず、「仕事のイロハを教わり、一人前にしてもらったから」という理由で、先代の社長さんの遺影を自宅にずっと飾り、墓参りも欠かしませんでした。

再就職したビルの清掃会社でも、同僚から「○○さん、もうちょっと手を抜いてくれんかな。あんたが真面目すぎて、私らが怠けているように見える」と文句をいわれるほど熱心に仕事に精を出しました。そういわれて「手を抜くわけにはいかんが、でも同僚にも悪い。どうしたもんか」と真剣に悩むような人だったのです。

頼まれごとは二つ返事で引き受け、孫の通う学校の掃除などにも、いの一番にかけつけて人の嫌がる作業を率先して行う。

あるときなどは、床屋で髭《ひげ》を剃《そ》ってもらっている最中に、親しい床屋さんが「母さんが食事を早く食べてといっているので」と席を外しても、シェービングクリームを顔に塗られたまま、ニコニコと笑いながら食事の終わるのを待っていたこともあります。

そんな義父の生涯は、これといった能力や取り柄に恵まれていたわけではありませんが、娘たちを愛し、孫の世話を幸せと感じ、おのれの「分」をわきまえて、与えられた役割はどんな小さなこともいとわずきちんと律儀にこなし、背伸びをせず、高望みもせず、自分にやれることを精一杯やり尽くした生涯でした。

私が畏怖《いふ》するのはこういう人なのです。身内をほめるのは生意気なようですが、義父もまた、平凡な人生を非凡に生きた「義人」の一人だと思うからです。

周囲を見渡してみてください。あなたの隣、あなたの周囲にも、そういう人がかならずいるはずです。平凡な人生を非凡に生きている「ちまたのヒーロー」が。

もし神さまがいるとしたら、神さまに好かれる人はこういう人です。彼ら無名のヒーローたちは現世では恵まれなくても、天からは祝福されているからです。

目の前の仕事を懸命にこなし、格別ほめられなくてもくさることなく、いばることもなく、涙の代わりに笑顔を浮かべて明日も人のために汗を流す。こういう人は、朽ちることも盗まれることもない永遠の宝を天の貯金箱に蓄えているのです。

一方、私のように、好きな仕事を楽しく行っている人間は、神さまに嫌われこそしないでしょうが、天の蓄えはあまり多くありません。天に蓄えるべき宝をこの世で消費しているようなものだからです。

地方へ講演などに行くと、かけつけてくれた参加者から、「いいお話をありがとうございました」「先生、お忙しいでしょうが、どうか無理をしないように」などと温かい言葉をかけていただくことが少なくありません。そのたびに私は内心で思います。

「それをいわれる価値があるのは、あなた方のほうなのですよ」

私の話を聞くために、ある人は育児中のお子さんをお母さんに預けてきたかもしれない。ある人は会社に早引けの届けを出して、上司からイヤミの一つもいわれたかもしれない。参加費の捻出《ねんしゅつ》も簡単なことではなかったかもしれない。

それぞれが汗をかき、苦労をしながら、ここへ集まっている。その意味で、彼らもちまたの癒し人なのです。ほめたたえられるべきはそういう人であって、私などではありません。

だからこそ、私のように好きな仕事を楽しんでいる人間は……義父がそうであったように……自分にできることを手抜きせず、精一杯の誠実さと真剣さをもってやるほかないのです。

そうして、自分に与えられた役割をより懸命に、より真剣にこなすとき、「平凡を貫くという非凡な生き方」が誰にも可能になってくるのではないでしょうか。

第3章

自分を愛するいちばんの方法

いつも笑っている人は、なぜ幸せになれるのか

「心の仕事」をしていると、自分を愛せない人と出会うことがあります。

自分は嫌な人間だから、ダメな人間だから、自分のことなど好きになれない。世の中にはこういう人がびっくりするほど多いのです。と同時に、そんな自分をなんとか変えたいと思っている人も多い。

しかし、嫌な自分をそのまま愛することはできません。そこで自分を好きになりたかったら、まず自分を変える必要が出てきますが、そこに大きな壁が立ちはだかります。自分を変えることはそれほど簡単ではないからです。

自分の心を変えるのは世界を変えるのに匹敵するほどの至難の業《わざ》で、古今東西、実に多くの人がこの難事業に挑戦しては敗れ去っていきました。だから私は、心を変えたいと願う人には、こうアドバイスすることにしています。

「心を変えたかったら、いままでやっていた行動を変えることですよ」

心は見えないのです。私たちが性格と思っているのは自分の言動や行為です。だから行為をステキに変えれば、ステキな人といわれるようになります。

したがって、心の外側にあらわれた言動や態度、姿勢や身なりを正すことによって、内面の精神状態が変化して、周囲から認められると、その言動や態度がその人に定着するようになります。外側を変えることで内側も変わるのです。

この行動を変えることで精神状態に変化をもたらす方法を、心理学では「行動療法」といいます。たとえば姿勢を正す、大声で笑う、ため息をつかない。そのように言動を前向きにコントロールすることで、心もポジティブな方向に変えられるのです。

部屋の掃除をすると心までスッキリするのも、この行動療法の効用といえます。したがって「心に余裕がないから掃除なんかできない」と思っている人は、原因と結果を逆に考えてみるといいと思います。

つまり、余裕がないから掃除ができないと考えるのではなく、掃除をしないから余裕が出てこないのだと考えるのです。そう思って、手の届くところだけでも掃除に取りかかってみてください。そうすると、手の届かないところまで掃除している自分に気づくはずです。

掃除に集中するうちに、あるいは、部屋が少しずつきれいになっていくのを見るうちに、心におのずと落ち着きや余裕が生まれているものです。

では、この行動療法の考え方にしたがって、心に幸せをもたらすにはどうしたらいいでしょう。ステキな人は前向きで、優しいほほえみをたたえています。だから、それを取り入れて笑ってみるのです。なかには、「楽しくもないのに笑えるか」という人がいるにちがいありません。

しかし、先に述べたように、人間の心理は行動と心が逆になることもめずらしくないのです。楽しいから笑うのではなく、笑うから楽しくなるという側面があるのです。笑えないのではなく、笑わないのです。すべては一人称です。ですから、少し無理をしてでも笑顔をつくっていれば、その外側の変化につれて、内側の心もだんだん楽しく変わってきます。

このことを論理的に説明するのはむずかしいのですが、実際、笑っていればいいことが起こるし、いい人にも出会えることを経験的に知っている人は少なくないはずです。

外国には「クライ・ウィズ・ア・スマイル」という言葉があります。泣いているときも笑顔で……何はともあれ明るく振る舞うことが、どれだけあなたの、そして、あなたの周囲の人々の心への励ましや慰めになることか。

笑顔のパワーには計り知れないものがあります。人間は笑っていれば幸せになれると私は信じています。私たちは幸福だから笑うのではありません。笑っているから幸福に近づくのです。

いい人を演じているといい人になれる？

楽しくないのに笑う。これは自分を「演じる」ということでもありますが、演じるというと、ウソやごまかしのようで、何か悪いことのようにも考えられがちです。

しかし多かれ少なかれ、人間はみんな演技をしながら生きているのです。演技すること自体は少しも悪いことではないし、また不自然なことでもありません。

つまり、生まれつき備わっているかのように思える人間の性格も、周囲の人々から取り入れた行動のパターンを後天的に身につけた「仮面」なのです。

人は常に自分をカムフラージュしながら生きているのです。自分は「こういう性格だから」と決めつけてしまえば、性格は変わりません。ですから、積極的に演じていけばいいのです。好かれている人たちをモデルにして。

少なくとも「演じる」ことを悪いことのように考える必要はありません。私なども、「先生、無理していませんか。そんなに一生懸命やって疲れませんか」などといわれることがあります。一生懸命にやって演じていると、昔はサボリだったのに、働き者と、いつの間にか評価されていたのです。周囲から「いつ、休まれるのですか?」とふしぎがられます。

いい人を演じている面もあります。でも、そうした「いい方向への無理や背伸び」

なら、したほうがいいと私は考えています。

自分ならあきらめてしまうけど、あの人なら笑って乗り越えていくだろうな。ここであの人なら笑って困難に立ち向かっていくだろうなとか、彼ならここで仲間を助けるよなとか。誰か、あこがれている人の何かを真似るのです。

かりに、それが「いい人ぶって」やったことであっても、それをなんべんも繰り返していれば、その演技はあなたの持ち前のキャラクターとして身についてくるのです。すなわち、最初は仮面であったものも、続けていくうちに、やがて自然に定着してくる。性格とはそういうものなのです。

演技を続けるのは疲れることかもしれません。しかし一生懸命演じることで得るものもまた大きい。「自分を演じる」という無理や背伸びを通してしか得られない高度な（演じることの疲労感を上回る）充実感や達成感というものも人間にはあるのです。

自分探しがはやっています。仮面をつけていない素顔の自分を見つけたい……でも、それは幻想です。「ほんとうの自分」など存在しません。ほんとうの自分を持っている人間がいるとしたら、それは生まれたての赤ちゃんだけでしょう。

人間の内面というのはタマネギの皮のようなものです。皮をむいていくと最後にほんとうの自分があらわれるかといえば、そんなことはありません。むしろ、そのむいた皮の一枚一枚によって自分という人間は形成されているのです。

つまり人間は、さまざまな事柄や感情の経験を通じて「自分をつくりあげていく」存在なのです。みんな、自分の人生を自分でデザインしながら生きているのです。

だから、自分探しなどにこだわらずに、生き方や考え方、ふだんの行動や振る舞いなどについて「こうありたい」「こうであったほうがステキな自分だ」という脚本を書き、その脚本を演じながら、自分の人生を形づくっていくことが大切です。

さきほどもふれましたが、脚本が自分で書けなければ、「あの人みたいになりたい」というモデルを見つければいい。そのモデルは坂本龍馬でもいいし、イチロー選手でもいいでしょう。自分が「カッコいいなあ」と思った人の真似から始めればいいのです。

まるごと尊敬できる人がいないのなら、あの人からは優れたファッションセンスを取り入れよう、この人からは説得力のある話し方を真似しようなどと、パーツごとに盗んでいけばいい。

私はしょせん、この世はすべて盗作だと思っています。どんなに優れた思想も哲学も文学も音楽も、先人からの〝知恵〟に独自の工夫を加えたもので成り立っています。先人の知恵をいっさい借りなかった新しい知恵など存在しないでしょう。

新しいものは古いもののよき焼き直しであることが多く、それが悪いわけでもありません。真似こそがオリジナルなのです。

だから、自分の生き方もまずは人真似や演技から始めればいい。いい人になりたかったら、いい人の真似や演技をすればいいのです。

そうやって「自分をつくっている」うちに仮面がはずれて素顔になり、演じている自分がほんとうの自分へと変わっていきます。すなわち、無理をしてでも笑っているうちに幸せの階段を登りはじめているのです。

人のためにすることは自分のためにもなる

いい人を演じることが気持ちいいのは、それが「人の役に立つ」ことに直結するからです。電車の中で荷物を抱えて困っているお年寄りがいたら、席を譲って荷物を網棚にのせてあげる。

「どうもありがとう」

「いいえ、どういたしまして」

車を運転していて、こちらの車線に入ろうとしている車がいたら、これまた「お先にどうぞ」と道を譲ってあげる。すると向こうもハザードランプを点滅させて礼を伝えてくる。

誰しもが一度や二度はこういう経験をして、その「正しい行い」に照れくさい思いをしながらも、「いいことをするのは、やっぱり気持ちがいいな」とすがすがしい気持ちを覚えたことがあるはずです。

そんなのはちっぽけな自己満足であり偽善的行為にすぎないと冷笑する人もいるかもしれません。でも人間の中には、自分の利益を優先する自己中心性と同時に、人が幸せになったのを見てホッと胸をなでおろし、人がおいしく食べるのをながめながら幸せを感じる自己献身の精神も存在しています。

われわれは「自分のため」と同じくらい、「人のため」にも行動できる〝立派な〟生き物なのです。

たとえば、誰も見ていないのに道路に落ちているゴミを拾ってゴミ箱に入れる。その行為が気持ちよく感じられるのは、それがいい人を演じる演技であるのと同時に、私たち人間に本来備わっている「いいことをしたい」「人の役に立ちたい」という本能にかなう行為でもあるからなのです。

もちろん、そうした利他的な行為は生きがいややりがいといった欲求を満たすことにも通じていきます。

こんな話があります。ある不登校の女の子が学校へ行くふりをして、実際には、公園でベンチに座って時間をつぶしていました。そして日がな一日、公園の横にある小さな菜園を耕しているおじいさんの姿をぼんやりながめていました。

むろん、おじいさんのほうも女の子が気になります。ふつうなら「学校の時間やろ。なんで行かんの？」と聞くところですが、おおよそのわけを察したおじいさんは、「お嬢ちゃん、ヒマだったら畑仕事を手伝ってくれんか」と声をかけたのだそうです。

それから、トマトづくりが彼女の日課になりました。肥料のやり方や水やりのタイミングなどをおじいさんから手取り足取り教えてもらい、毎日、熱心にトマトを育てたのです。

やがて、彼女が精魂《せいこん》を込めて世話をしたトマトが熟しました。その日、女の子とおじいさんは収穫したトマトにかぶりつき、顔を見合わせて異口同音に「おいしい！」と叫びました。

「こんなにおいしいトマトは初めて食べた」

とおじいさんはいいました。

「あんたが心を込めて一生懸命育てたんやから、それも当然や。このトマトなら、世界中の誰もが食べたいと思い、食べた人はみんなおいしいと感じるはずや。お嬢ちゃん、あんた、すごいなあ。世界中のみんなが喜ぶトマトをつくれるんやから」

女の子はしきりに照れていましたが、翌日から、行けなかった学校へ行けるようになったのです。その理由を、彼女はこう説明しました。

「だって私、トマトをつくれるもん」

勉強なんかできなくても、クラスメートからいじめられても、私はおいしいトマトがつくれる……そのことが彼女に自信を与えたのです。

もう一つ、こんな話もありました。阪神・淡路大震災のときのことです。

被災者の心のケアをするために神戸市長田地区に入っていた私は、避難所で一生懸命に働く暴走族の若者たちに気づきました。彼らは、「おばちゃん、向こうの避難所行ったら、何持ってきたらええの？　書き出しておいて！　かならず持ってくるから！」「あ、これ運ばなあかんの？　おれが持つよ」と、物資のピストン運送に走り回っていたのです。

その彼らと、ある日、十数年ぶりに会う機会がありました。

「衛藤先生と出会ったころのぼくは、あほやったなぁ。どうせくだらない命だ、バイクで事故って死んだってかまへん！　なんて思ってた。でも、あの地震で自分の親戚《しんせき》も何人か死んで、世の中に怖いものがあるってことを知ったんですね。『何してんだ、おれは。やることやらな』と思って避難所を手伝うことにしたんです。

そうしたら、それまでのぼくのことをばかにしていたおっちゃんやおばちゃんが、ぼくの肩をたたいて、『お兄ちゃん、ありがとうな。助かった。ほんとにありがとうな』って手を振って送り出してもくれた。ぼく、あんなふうに送られたのも迎えられたのも初めてやったんです。

その日はバイクもよう走ってくれました。先生、ぼくね、もしかしたらバイクを嫌いやったんかもしれん。だから、あのときバイクに謝ったんです。『おまえ、いつもは故障すんのに、今日だけはよう走ったな。〝気ィつけて行ってらっしゃい！〟って、みんなが手を振ってくれて、おまえもうれしかったやろ。おまえは人に喜ばれるためにつくられたのに、おれの乗り方が悪かった。これからは人に喜ばれるために走ろう。

約束する』って。そうやって謝っとったら、バイクが笑うたんです。その瞬間からバイクが好きになりました」

いかがでしょうか？　トマトを育てた女の子や暴走族の若者が感じた「自分にはこれができる」という役割意識と、そのことが「人を喜ばせる」「人の役に立つ」という喜びをともなった利他的な手ごたえ。それが彼らに生きていく力を授けたのです。

情けは人のためならずといいますが、人のために行うことが自分のためにもなり、利他行為が自分の生きがいややりがいに通じていくのですから、それは実に心地いい逆説といえます。

人は自分のためだけに生きても幸福にはなれないのです。自分の利だけを図って得た幸せは孤独で薄っぺらなものです。反対に、自分の利を後回しにして得た幸せはいつまでも色あせません。

「あなたはあなたのままでいい」……いま、心理カウンセリングの場などで殺し文句のように使われている救いと癒《いや》しの言葉です。たしかに、不完全な自分を受け入れること、等身大の自分で生きていくことは幸福の必要条件の一つです。

でも、だからといって、興味や関心の範囲が「自分」だけにとどまっていたのでは、「このままの自分でいいんだ、これ以上、何もするは必要ない」といった自己中心性や自己肯定感だけが肥大してしまうことにもなります。

もし、ありのままの自分を肯定するのなら、その一方で、人のために自分は何ができるか、何をしたかということも問題にしなくてはなりません。

「自分のため」と「人のため」が一人の人間の中でバランスよく共存したとき、その人の幸福感は最大値になるのです。

目の前の人を喜ばせることから始めよ

では、私たちは具体的に、どんな人のために役立つことを考えればいいのでしょうか。これについては、あの松下幸之助さんの言葉が参考になります。松下電器（現パナソニック）の創業当時、松下さんは社員がこんなグチをいうのを耳にしたのだそうです。

「私たちは来る日も来る日もせっせと電球を磨いているだけや。こんな単調な仕事にどれほどの意味があるのか」

それに対して、松下さんは次のような意味のことを答えたといいます。

「きみがせっせと磨いている電球な、それがどこで光っているかを考えたことがあるか。たとえば、その電球が真っ暗な夜道の電柱に使われていれば、それまでその暗い道を避けて、遠回りして家に帰っていた人がまっすぐ帰れるようになるかもしれん。あるいは、子どもが家で絵本を読んでいるとき、夕方になって家の中が暗くなってしまえば、子どもはそれ以上、読めなくなり、どんなに楽しい絵本も閉じなくてはいけなくなる。

でもな、そこに電球一個が灯《とも》ってみい。子どもは絵本を読みつづけられる。彼らの夢は続行されるんや。だから、あんたは電球をつくっているんやない。人の喜びをつくっているんや。あんたが磨いているのは電球であって電球やない。あんたが磨いているんは子どもの笑顔や。そう思って仕事をしてほしい」

さすがに含蓄に富んだ言葉で、「人のために」という視点を持ちこむことによって、単調でつまらないと思える仕事にもやりがいが生じてくる。そうした働く意味や労働論に通じてくる話です。

仕事というのは、まず「人のために役立つ」ことが目的としてある。そして、その結果として報酬や出世や成長があるのであって、その逆ではない。松下さんが伝えたかったのはそういうことなのだと思います。

それと同時に、この話は誰のために働くのか、どんな人の役に立つべきなのかということも示してくれています。それはまさに、夜道の暗さに困っている人や絵本を読みたがっている子どものためなのです。

すなわち私たちは、社会の上のほうにいる偉い人や立派な人のためではなく、目の前や身の回りにいる、ごく身近な人たちのためにこそ汗をかくべきなのです。まず、あなたの隣人を喜ばせる努力をすること。それが何より大切なのです。

「人のため」という利他行為は、大きなものより小さなもの、遠くのものより近くのものに向けられるべきだといってもいいでしょう。

これまでの日本人は、会社のため、社会のため、国のためなど、大きなものの役に立つことを目指してきました。『坂の上の雲』ではありませんが、高いところ、遠いところに大きな幸福を求めてきたのです。

たしかに、それで経済は飛躍的に成長しましたが、一方で、個人レベルの幸福はいまだおざなりにされたままです。現代社会の閉塞《へいそく》状況は、まさにその結果であるといえるのではないでしょうか。

幸せとは本来、「縦」方向に求めるものではなく、「横」へと広げていくべきものだと思います。

池に石を投げ入れると、小さな波紋がだんだん大きな波紋へと広がっていきますが、このように近いところから遠いところへ、小さいところから大きなところへと、幸福の同心円を広げていくべきです。

そのためには、まず目の前の人、周囲の人、身近な人に等身大の喜びや幸せを手渡しで伝えていくことを優先しなくてはなりません。

黒澤明監督の映画『生きる』では、ガンに冒されて余命を悟った公務員の主人公が地域住民のために小さな公園をつくろうとします。このように「世界を変えよう」とするのではなく、まず自分と自分の周囲から変えていこうとする努力こそが、もっとも優先されるべき努力なのです。

「隣人を愛するより人類を愛するほうが簡単だ」

そんな皮肉な言葉があります。たしかに、私たちはつい、大きなことに目を奪われて、小さなことをおろそかにしがちです。

でも、周囲の友人や仲間を大事にしない人間が、どんなに立派なことを叫んでも信用されるものではありません。だから、「人のため」というときの「人」には、「みんな」や「社会」などの大きなものを含む必要はないと思います。

まずは家族、そして隣人。そのように目の前の人を喜ばせ、身近な人の役に立ち、彼らの笑顔を見ること。そこから始めていけばいいのです。

幸せも不幸も
あなたの心がつくり出している

しかし、人のために行動しても、相手がなかなかこちらの思うように反応してくれないこともあります。ときには、よかれと思ってしたことが、相手の反感や怒りを買うこともあるかもしれません。

そういうときはどうしたらいいのでしょう。私自身の例をいえば、そういうときは「それは自分がしたくてしたことだ」と思うことにしています。

たとえば子育て。自分がこの世に送り出した、子どもという青い果実みたいに若くて活きのいい生き物は親の思うとおりにならないことのほうが多いのです。その結果、親はしばしば子どもに振り回され、ひどく腹を立てたりもします。

でも、そんな子どもも、親である私が勝手に育てたくて育てたのだ。愛したくて愛したのだ……そのように考え直すことで、私たちは心の安定を取り戻すことができるのです。

この考え方は、ゲシュタルト心理学という学問分野にもとづいたもので、「二人称を一人称に変える」ことによって、物事を心理的にとらえ直すことをすすめています。

たとえば、自分が相手の言動によってイライラさせられたとします。その場合も、「相手が私をイライラさせた」という二人称ではなく、「相手の言動に自分が勝手にイライラしている」という一人称で考えるのです。

いま、自分の心の中に生じている不満や苛立《いらだ》ちなどのマイナスの心理は、人のせいで引き起こされているものではない。自分自身がつくり出しているものだ。そう考え直すことによって心理的な安定を得る方法です。

小言をいう母親に腹が立つ。でも、その場合、自分が勝手に母親の言動に腹を立てているのだ。お母さんは「早くいい人を見つけて結婚しなさい」と彼女の願望や価値観を語っているにすぎない。

自分のほうがそれを聞いて、「人の生き方にまで干渉しないでほしい」「文句ばかりいわないでほしい」とみずから腹を立てているのだ……そんなふうに、物事をとらえる視点を二人称から一人称へと転換するのです。

このゲシュタルト心理学の考え方がとても役に立つのは、心理や感情が外から与えられたものならば自分でコントロールすることはできないけれども、自分自身がつくり出したものであるならば自分でコントロールすることができるという点です。

相手が悪いという二人称で見ている限りは、相手を変えないと事態は変わりません。しかし、自分自身に生じている一人称の心理や感情なら自分自身で変えられるし、そのことによって事態を打開できるのです。

これは見方を変えると、人間の幸せや不幸は、その人の「受け取り方しだい」ということになります。

たとえば職場に嫌な上司がいる。その上司から受けるストレスのせいで鈴木さんは夜も寝られないほど悩んでいる。しかし同じ上司の下で働きながら、佐藤さんはさほど悩むことなく、むしろはつらつと仕事に精を出している——。

この場合、もし、上司に「人を悩ませる」直接的な原因があるのなら、佐藤さんもまた眠れないほど悩んでいなくてはならないことになります。でも、そうでないのは、悩みの直接的な要因が上司ではなく、鈴木さんの受け取り方にあるからだと考えるのです。

つまり、ある事態の受け取り方、受け止め方が人間の幸せ・不幸せをつくる最大の要因となっている。このことを理論的に説明したのが、論理療法の創始者アルバート・エリスの「ABC理論」です。

上司の行動をA（Affairs, Activity event）＝出来事とし、それによって鈴木さんに生じる不満や悩みの感情を結果＝C（Consequence）としたとき、この感情Cは、鈴木さん自身の「上司はこうであってほしい」「上司というものは部下に親切に接するべきだ」という願望や感じ方、受け取り方＝B（Belief system）からもたらされているとする考え方です。

エリス博士によれば、

「出来事そのものに悩みの原因があるのではなく、各個人の受け取り方が悩みをつくっている」

つまりいい換えれば、人間の受け止め方しだいで、同じ事態が起きたときに、その人は幸せにも不幸にもなるのです。

同じコップ半分のワインでも、「まだ半分もある」と見るか「もう半分しかない」と見るかで、印象も心理的作用もまったく異なります。

人間の寿命も、七日しか生きないセミから見ればおそろしく長命ですが、樹齢何千年という屋久杉から見ればびっくりするほど短命です。

そのように視点を変えると、幸せも不幸に見え、不幸も幸せに見える。見方を変えれば、真実すらどうとでも変わってしまうのです。

もっと大きく考えれば、自分さえ変われば世界が変わるということになります。世界を変えたかったら、まず自分を変えてみればいいのです。

もし、「こんな状況では楽しめない」と不幸そうな顔つきをしている人がいるとしたら、それは二人称の考え方にとらわれているのです。そういうときは、「自分がその状況を楽しもうとしていないだけなのだ」と一人称で考えるべきなのです。

同じように、「笑えない」ことに問題があるのではありません。あなたが「笑おうとしない」ことに問題の本質があるのです。幸せも不幸も外からやってくるのではなく、すべてあなたの心がつくり出しているのです。

退屈から感動への「たった一歩」を踏み出そう

あなたが楽しめないのは、あなたが楽しもうとしていないからにすぎない。あなたが笑えないのは、あなたが笑おうとしていないだけなのだ……みずから積極的に動くことなしには、自分を取り巻く環境を変えることなどできません。

「何かおもしろいことないかなあ」

「生活が単調で、毎日が同じことの繰り返しでつまらないよ」

そんな声をよく耳にします。現代の病は多くの人から笑顔と余裕を失わせて、その結果、若者は「毎日が退屈だ」とつぶやき、大人は「感動がない時代だ」と吐き捨てます。

でも、ほんとうにそうなのでしょうか。感動がない、退屈だとグチをこぼす人は「あ〜あ、今日もまた雨だ」と空模様をうらむばかりで、自分から空に晴れ間を探す努力をしていないだけなのではないでしょうか。

自分の置かれた状況を「まわりが悪い、人のせいだ」と二人称的に受け身でとらえるばかりで、それは自分の心がつくり出しているのかもしれないという一人称の視点に欠けているのではないでしょうか。

そういう人はいつの、どんな時代に生まれても、感動を覚えることなどないはずです。

感動を味わうか、退屈のまま過ごすか。それもまた「自分しだい」であり、自分からすすんで行動してみれば、周囲の景色が変わり、自分の心も変わってくることに気づくはずです。

これまでにも何度か書いたことですが、東京ディズニーランドの衰えない人気には驚異的なものがあります。とくに驚かされるのは、その高いリピーター率で、入場者の九十七％以上をリピーター客が占めているといいます。

つまり初めて訪れた人は三%にも満たず、ほとんどが二回以上、繰り返し訪れたお客さんで占められているのです。しかも、十回を超えるリピーターが五十九%を超えます。これはほかのテーマパークではありえないダントツの数字です。

東京ディズニーランドは訪れた人のほぼ全員に、「また何回でも来たい」と思わせる魅力に満ち満ちているのです。その秘密はどこにあるのでしょう。

誰もが楽しくて愉快なアトラクションや行き届いたサービスを理由に挙げると思います。しかしそれだけでは、あれほど高いリピーター率は不可能です。

私はその理由は「心」にあると思います。東京ディズニーランドではお客さんに感動や幸福という心を提供しているのです。

たとえば、キャストと呼ばれる従業員はいつもゲストの喜びをつくり出そうと心がけています。立ち止まって地図を見ていれば、キャストが笑顔で寄ってきて、「何かお探しですか」と声をかけてくれる。写真を撮ろうとしていれば、掃除を担当するカストーディアルでさえ、すすんでシャッターを押してくれる。

従業員全員が、お客さんに心からの関心を寄せ、最高のサービスを提供して、お客さんの幸せや感動に奉仕しようと常に積極的に動き、働いているのです。

彼らはけっしてマニュアルどおりのサービスなど実践していません。彼らが心がけているのは「マニュアルを超えるサービス」の提供なのです。

夫婦二人づれのお客さんがレストランでお子さまランチを注文しました。しかし、お子さまランチは九歳以下のお客さんに限るとメニューには書かれており、そのマニュアルにしたがえば、その申し出は断らなければなりません。

キャストが事情をたずねると、その夫婦は一年前に一歳に満たない幼い娘さんを病気で亡くしており、その一周忌の記念に、亡き娘とディズニーランドに来て、娘と一緒にお子さまランチを食べたかったということがわかりました。

「失礼しました！　どうぞ、こちらへ！」

キャストは、夫婦をあらためて四人席のテーブルに誘導し直し、子ども用の椅子《いす》を一つ用意して、三人分のお子さまランチの注文を受けると、「どうか、ご家族でごゆっくりお楽しみください」と笑顔を残して立ち去ったのです。

もっとすばらしいのは、そのマニュアルを超えるサービスをキャストが自己判断と自己責任で行い、しかも、その行為が上司やほかのスタッフから賞賛されることです。そういう仕組みや体質が東京ディズニーランドには根づいているのです。

このような例からも、感動というものが何から生じてくるかがわかると思います。それは自分から「感じて」、「動いた」人に訪れるのです。

私たちは「感動できない」のではありません。「感動と出会うべく行動していない」だけなのです。

受け身で待っていても感動は訪れません。従業員はお客に笑顔で接し、親切なサービスを提供する。お客もそれに対して「ありがとう」と感謝する。互いがみずからすすんで動く一人称の積極性。それが感動を生み出す元となるのです。

そして、その行動はおおげさなものである必要はありません。たった一歩を踏み出すだけでいいのです。電車でお年寄りに席を譲る。そんな小さな行為で十分なのです。退屈と感動の距離は、そのわずかな一歩にすぎません。

その「一歩」を大切にして、小さな行動を惜しむことなく生きてみましょう。みずから動く人にこそ感動が訪れる……これは「心の方程式」とも呼べる不変の法則なのです。

「愛さなければ愛されない」という不変の法則

自分からすすんで動く積極性の効果について、もう一つ例を挙げてみましょう。

ある女性がカウンセリングの場で、「私は子どものときに親から愛されなかったから、子どもを好きになれない」と訴えました。

その女性はやがて、子どもを心から愛するようになったのですが、その愛を目覚めさせたのはカウンセラーではありません。彼女に子どもへの愛情を目覚めさせたのは、ほかならぬ子ども自身でした。

あるとき、女性は同窓会を兼ねたキャンプに参加しました。そのとき、彼女の後輩が「先輩、私はロッジの交渉に行ってきます。そのあいだ、この子をお願い」と自分の赤ちゃんを彼女に預けていったのです。

彼女は眠っている赤ちゃんと二人きりになりました。赤ちゃんは彼女にすべてをまかせたように、安心してスヤスヤと眠っています。彼女はふしぎな思いにとらわれました。

「どうしてこの子は、私に抱かれてスヤスヤ寝ているの？　私は子どもが嫌いなのに、その私を信用しているとでもいうの？　ここに置き去りにしたらどうするの？　私の指なんか握ってさ。そうか、この子は私を母親とカン違いしているんだ。だから安心して眠っているんだ」

そのとき、赤ちゃんが突然、目を覚まして、女性と目を合わせました。赤ちゃんはしばし彼女を見つめたあとで、にっこりと天使みたいな笑顔を浮かべると、ふたたび安心したように眠りの世界へ戻っていきました。

「抱いているのが私で、母親ではないことを知っても、この子は私の胸で眠っている。すべてを私にゆだねて……私は信用されている」

そのとき女性の中で何かが変わりました。彼女の胸に、これまで感じたことのない新しい感情が生まれてきたのです。「何があっても、絶対にこの子を守る」。彼女はそう思えたのでした。

その決意は彼女自身が意外に感じるほど強固なもので、そのキャンプでは起こりえないことですが、たとえライオンに襲われても、彼女は赤ちゃんを守るために戦ったはずです。

このエピソードが教えるものはなんでしょう。

それは、信頼というものは相手から信頼されて生まれてくるということです。他人を信頼しない人が人から信頼されるわけはないという事実です。

つまり、愛されたかったら、自分から愛さなくてはならないのです。したがって「私は誰からも愛されていない」と二人称で嘆く人は、一人称でこう自分に問い直してみる必要があります。

「私自身、ほんとうに人を信頼し、愛しているのか？」

「自分から積極的に愛そうとしていないのに、人からは愛されたいと思っていないか？」

心理学では、「人は自分を愛するほどしか他人を愛せない」といわれています。だから自分自身の嫌な部分を認められない人は、他人の嫌な部分も認められません。それなのに、他人の嫌な部分は認めないまま、「私の嫌な部分は大目に見て」といっていませんか。それは甘えであり身勝手ないい分にすぎないのです。

逆に、自分の嫌な部分を認め、受け入れていれば、他人の嫌な部分が見えたとしても、「自分にも似たところがある」と思え、他人に寛容に接することができるでしょう。他人に寛大な人は人からも認められ、愛されもするのです。

ちょっとややこしくなってしまいましたが、結論をいえば、人から愛されたいと思うなら、まず自分から人を愛さなくてはならない。また、自分を愛することから始めなくては人を愛することもできないということです。

キーワードはいずれも、「自分から」という一人称の積極性にあります。感動も信頼も愛情も、みずから人に働きかけることによって、はじめて自分に返ってくるものなのです。

「欲しいから与える」という交換条件で愛していないか？

アメリカインディアンは「ギブアウェイ」といって、与えることを大きな美徳と考えています。たとえば彼らは、この世の縁は「シークレット・ホイール（隠された円環）」になっていて、初めに与えるからこそ、やがて自分に戻ってくると考えます。

そのため、彼らは狩りで獣を捕らえると、心臓の一部を切り取って大地に供えます。全部を自分のものにせず、獲物の一部を自然に戻すことで、ふたたび狩りに恵まれることを祈るのです。

ギブ&テイクの真髄である、「与えるから与えられる」こと。得ようとしたら、まずこちらから与えること。その能動性の大切さを、彼らはいわば自然の掟《おきて》として心得ているようです。

しかも、与えられたいから与えるという交換条件ではなく、求めることなしに与える無償の提供こそを最上の美徳と考えているのです。

それに関連して、こんな話もあります。

むかし、インドのボーディダルマ（達磨《だるま》さんのモデル）と呼ばれる偉い禅僧が中国を訪れたとき、時の皇帝である武帝は「私はいままでたくさんのお坊さんに親切にし、寺院をたくさん建ててきた。そんな私にはどんな功徳、よいことがありますか」とたずねたそうです。

ダルマの答えは一言、「無功徳（よいことはない）」。

それを聞いた武帝は「なぜ功徳がないのか！」と怒りをあらわにすると、ダルマはこういさめました。

「それが、あなたがしたくてした善行なら、功徳がなくても、私に『よいことをした』といわれなくても、あなたは納得できるだろう。あなたは人にほめられたくて、それをしたのか。人に認められなければしなかったのか」

ダルマはそんな言葉を残して、その地方を去っていったといいます。

しかし、この皇帝を笑える人がどれほどいるでしょう。人から親切にされたいから人に親切にする。相手に愛されたいから相手を愛する。そういう交換条件で親切や愛情を与える人がずいぶん多いのではないでしょうか。

「この仕事を手伝ってあげるから、先にありがとうをいってほしい」

こんなバカなことをいう人はいないと思いますが、現実には、それと同じことをしているケースが多いのです。

たとえば子育て。いい学校へ行って、いい会社へ入ってもらいたいから、小さいときからお金をかけて習い事に通わせる。親の老後の面倒を見てもらいたいから二世帯住宅を建ててやる。そんなふうに先行投資や交換条件で子どもに愛情を注ぐ親が少なくありません。

要するに、子どもに「見返り」を求めているのです。しかし「子どものときに見返りの期待で育てられた人は、見返りの愛情に執着する」と心理学者のカレン・ホーナイはいっています。

見返りがあるから愛する、見返りがなければ愛さない。そういう人に返ってくるのは「無功徳」でしかありません。

私たちは見返りを期待せず、まず人に与えることを心がけるべきなのです。それがむずかしいのなら、インディアンのいうシークレット・ホイールに気づくべきです。すなわち「与えることこそ幸せ」という隠された真実を知ることです。

インドのヒンズー教には、ガンジス川のように流れているものは「清い」という考え方があります。息も吸って吐くから生命を保てる。お金が滞りなく流通しているときにはじめて経済に活気が生まれる。

情報にしても、自分のほうから情報を与えている人にこそ、いい情報が入ってくるものです。愛情も感動もお金も情報も、すべてみずから与える人にこそ与えられるのです。

見返りを求めることのない「与える心」を育もう

カウンセリングをしていると、周囲や他人に幼稚な願望を押しつける、子どもみたいなわがままな大人が多いことに驚かされます。

たとえば、ご主人が一杯機嫌で、ケーキをおみやげに帰宅したときに、たまたま体調が悪くて奥さんが横になっていたとします。

奥さんはご主人に気遣って、「あなた、ごめんなさい。せっかくのケーキだけど、今日は調子が悪くて食べられそうもないの。冷蔵庫に入れておいて、明日いただくわね」と食べられない理由をていねいに説明します。

ところが、ご主人はそれが許せません。「なぜ、オレが買ってきたみやげが食えない」「おまえはとにかく喜んで食べるべきだ」と文句をつける。

それだけでなく、「おまえは家にいるだけなのに、なんで体調を悪くするんだ」などといいがかりとしかいいようのない難癖をつけて奥さんを責めはじめます。

さらには、寝ている奥さんをベッドから引きずり出して正座させると、「おまえには人の心がわかっていない、愛情というものを理解していない」といった説教をえんえんと繰り返すのです。

つまり、このご主人は、自分の善意や愛情が思うとおりに相手に受け入れられるのが当然と思っており、受け入れられないということは自分の愛情や親切に対する裏切りと思っているのです。だから、奥さんの体調やいい分などそっちのけで、自分の怒りだけを理不尽にまき散らすしか方法が見つからないのです。

そこには、「相手は自分と同じでないのだから、自分の思うようにならない」という考えはまったくありません。まさに乳離れできていない子どものような幼児の心理です。

こうした状態を、心理学では「健全な離別感が形成されていない」と表現します。離別感とは、「相手は自分ではない」ことをきちんと自覚して、互いに一個の独立した人格として認め、尊重しあうことです。いわば、人と人とのあいだの健全な距離感のことです。

したがって、それが形成されていない人は、子どもが母親に全面的に甘えている（依存している）のと同じです。つまり、「心理的離乳」ができていないことになります。

どうでしょう。この心理的な乳離れのできていない大人が、あなたの周囲にもいないでしょうか。思うようにならないと部下を怒鳴り散らす上司。奥さんを自分の手下や家来のようにアゴで使うご主人――。心当たりのある人、耳の痛い人もいるかもしれません。

では、その健全な離別感を阻害する要因は何でしょうか。それは、相手に過剰なまでに見返りを期待したり、相手に度を過ぎた所有欲を抱くことです。「与える」とは反対の、「求めすぎる心」です。

奥さんを自分の所有物だと考えているから、自分の思うとおりに振る舞ってくれないことに腹が立つ。自分がケーキを買ってやったという行為に対して、相手は喜んでくれるはずだ、喜ぶべきだという期待を抱いていたから、その期待が裏切られた（見返りが得られない）ことが許せない。

つまり、相手に求めすぎる心が離別感の健全な形成を邪魔している。与えるよりも求めすぎる心が、苛立ちを招く大きな原因になっているのです。

カリール・ジブランという作家が残した作品『預言者』の中の詩に、こんな一節があります。

「あなたの子どもは、あなたの子どもではない。待ち焦がれて生まれてきた生そのものの息子であり娘である。あなたを経てきたが、あなたからきたものではない。あなたとともにいるが、あなたには属さない。あなたは子どもたちに愛情を与えたとしても、子どもたちにあなたの価値観を押しつけてはならない。なぜならば、生は後戻りしないし、きのうのままにとどまりはしない」

それが自分の子どもであっても、相手を所有したり、求めすぎたりすることをいましめる言葉といえましょう。ですから、あらゆる人間関係において離別感は大切なのです。私もこの詩をもじって、次のような言葉を結婚式を挙げるカップルに贈ることがあります。

「あなたの妻と夫はあなたの一部ではない。愛されて生まれてきた、ある家庭で大事に育てられた息子であり娘である。あなたとこれから、ともに暮らしはするが、けっしてあなたの思うようにはならない。あなたは愛情を与えたとしても、あなたは自分の価値観を相手に押しつけてはならない」

「なぜなら、相手には相手の現在まで生きてきた人生がある。相手のことを理解しようとする努力を始めたとしても、自分のことが理解されないと相手に苛立ちをぶつけてはならない。相手に自分の欲求を求めつづけるならば、やがて愛情は憎しみへと変わるだろう。愛とは、どこまでいっても自分とは違う相手を知りたいというところに存続するからだ」

つたない模倣ですが、喜んでくれる人も少なくありません。

いずれにせよ、人を所有しない。人に期待しすぎない。人に求めすぎない。こうした人との健全な距離感を保つことは私たちの幸せに不可欠な心理なのです。

愛情を人に求めるな、自分に求めよ

健全な離別感が築けず、相手の愛情に期待しすぎる人は、その相手に幸せを依存しすぎているのです。

そのため、人に求めすぎる人はかえって苦しい思いをすることになります。求めて、相手から思いどおりの反応があればいいのですが、ない場合には、その期待に応じない態度に悩んだり、落ちこんだりするからです。

「これほど愛情を示しても、なぜ、それ相応の見返りが返ってこないのか」

そう憤慨し、相手の自分への無関心が許せなくなって、やがて愛情が憎しみに変わっていく……。

前項のご主人のケースも、はたから見れば自分勝手で横暴な振る舞いにしか見えませんが、当人の心の中では、みずから求めたものに対する見返りのなさ、少なさに苦しみ、それが怒りへと転化していく心理的プロセスをきちんと経ているのです。

つまり、その苦しみや怒りは……たとえ、それが身勝手なものであれ……愛情の変形であり相手への依存や執着から生まれてきているといえます。

このような人はいつも相手の言動に一喜一憂させられます。自分の心の安定も不安定も、喜びも苦しみも、すべて相手の言動しだいになってしまう。その意味で、その人は他人の愛情の「奴隷」になっているのです。

奴隷にできることは、服従か反乱しかありません。だから、求めれば求めるほど、相手の言動が気になり、それに振り回されてしまう。なんと不自由で、寂しい心の状態なのでしょう。

この奴隷のような他者への執着から自由になり、自分の中に健全な離別感を育てるにはどうしたらいいのでしょうか。

求める相手、期待する相手を、相手中心から自分自身に変えなくてはなりません。愛情や期待を人に求めるのではなく、自分に求めるのです。

たとえば、ブッダは「己こそ己のよるべ」といっています。坂本龍馬も「世の中の人は何とも言わば言え　我なすことは我のみぞ知る」という歌を残しています。イエス・キリストでさえ、「我、汝《なんじ》と何のかかわりあらんや」と母マリヤへ惜別の宣言をしています。

信じられるのは、頼れるのは、誰あろう、自分しかいません。人生という旅の道連れは自分自身しかいないのです。

であれば、孤独でも、心細くても、絶叫したくなるほど怖くても、最終的には自分自身を信じて、自分一人だけの一歩を踏み出さなければなりません。自分がおのれのよき友人となって、人生を連れ添い、自分をサポートしなくてはいけないのです。

このように、相談相手をほかならぬ自分自身に求める方法を、私は「セルフ・ラブ」と呼んで、セミナーやカウンセリングなどで、その大切さを強調しています。

セルフ・ラブとは文字どおり、自分の日々の見えない努力を愛する姿勢のことです。自分の最高のパートナーは配偶者や恋人ではありません。自分自身です。自分自身が自分の最高のパートナーなのです。

だから、その自分を最高に愛そう……セルフ・ラブとは「I love me」の思想なのです。

「あなたはエライ。彼にあんなに冷たい仕打ちをされても、よく泣かなかったわね。上司にあれほどの無理難題を押しつけられても、文句一ついわず、グチ一つこぼさず、明るい笑顔で快諾して、最後までやり遂げた。なんて立派なの。未来への不安に脅かされても、過去の失敗に悩まされても、誰にも頼らず、一人でガンバっている。そのガンバリを私はいつも見ているよ。だって、私はあなたの味方だから。いつも私がついている。ガンバレ、私」

そのように、自分で自分の頭を「よしよし、よくやっているよ」となでてやる。これもセルフ・ラブです。

なぜなら、一生懸命な自分や必死な自分、けなげな自分。それらを他人は知らなくても、自分だけは知っているからです。

うつ病になりやすい人は、最高に自分をムチ打つ人です。寝ても覚めても、「もっとガンバレ」「もっとやれる」と自分を叱咤《しった》します。でも、それが自分の心を追いつめてしまうのです。

自分を叱咤する以上に、もっと自分を慰めてやりましょう。自分を嫌うヒマがあったら、自分をもっと愛することに心を注ぐべきです。

「自分を好きにならないと、他人を好きになれない」

やはり心理学者のカレン・ホーナイの言葉です。自分を好きになれない人は人も好きになれません。自分をしっかり愛することから、他者への健全な愛情も生まれてくるのです。

もちろん、努力しないで自分を甘やかせということではありません。努力は大いにするべきです。でも、それがうまくいかなかったとしても自分には価値がないといってはダメなのです。努力しようと頑張った自分や、夢を目指そうとした自分はやっぱりスゴイと自分をほめてやるのです。

晴れの日も曇りの日も、あるがままの自分を受け入れる

でも、何の取り柄も能力もない自分など愛せない。そんな自己評価の低い人もいるかもしれません。そんな人はあらためて自分の体をながめてみてください。

たとえば、あなたの手。あなたの手は、あなたの必要なものを引き寄せてくれます。あなたの思うままに複雑で精妙な動きもしてくれます。あなたさえその気になれば、自分の体も抱きしめてくれる。そして、その手はあなた以外の人のいうことは聞こうとしません。

こんなにすごいあなたの味方がほかにいますか。そのことにあなたは気づいていますか。そばにいるのが当たりまえすぎて、あなたはあなたの手の存在を忘れていませんか。

あるいは、あなたの足。あなたの足はあなたをどんな場所へも連れていってくれま

す。どんなに遠い道のりでも、ゆっくり時間をかけて運んでくれる。あなたの足もまた、あなた以外の命令ではけっして動きません。

どんなに小さな靴に閉じこめられていても、あなたに逆らうことなく、あなたを支え、動かしてくれる、あなたのすごい味方。その足の苦労にあなたは思いを馳《は》せていますか。

あなたの体はいつもあなたと、あなたの心を守ってくれています。あなたが孤独で一人きりのときも、あなたとともにいて、あなたを見捨てることなく、あなたを守っているのです。

すなわち、自分の体をあらためて見てみれば、誰もが「愛すべき自分」「愛さなくてはならない自分」の一部がそこにあることに気づくはずなのです。

自分の心が愛せない人も、手や足など、自分を守ってくれる自分の体なら愛せるはずです。自分の体を愛せれば、その体が守っている自分の心も、やがては愛せるようになるはずなのです。

むろん、体も心も人それぞれです。やせた体があり、ごつい体もあり、小さい心があり、大きい心もある。しかし形や性質はそれぞれでも、すべて自分になくてはならない、また自分が引き受けなくてはならない、自分固有の体であり心です。

したがって、セルフ・ラブ＝ふつうの努力をしている自分を愛することはまた、ふつうに努力している、身近な仲間を愛することにつながります。

心理学に「シャドー」という概念があります。自分の心の「影（シャドー）」を他人に投影して、他人を好きになったり嫌いになったりする心の動きのことです。

たとえば、積極的な自分になろうとしている人は自分の中の消極性を嫌いますが、その心理を相手にも投影して、人の引っ込み思案な態度や弱気な行動に苛立ちを覚える、そんな心理です。自分の目に映る他人の弱さが、自分がいちばん見たくない自分の中の弱さを思い出させるからです。

しかし自分を愛するためには、そのシャドーも自分の一部として認めなくてはなりません。おのれの不完全な部分も、自分の一部だと受け入れてはじめて、セルフ・ラブが可能になり、他人の不完全さにも寛容になれるのです。

インディアンの人々はいいます。

「自然を愛するということは、晴れの日も、雨の日も、嵐《あらし》の日も愛するということだ」

晴れている日の自分だけを受け入れて、雨や曇った日の自分は認めないのでは、自分を愛することにはなりません。

晴れた自分も曇りの自分も雨の自分も、すべてを受け入れるとき、みずからをしっかり愛することができ、人に求めない、自分だけのオリジナルな人生を生きることができるようになるはずです。

第4章

終わりから見ればわかること

「物語」が生み出すインディアンの心の豊かさ

アメリカインディアンは、お年寄りを大切にする文化をいまも守りつづけています。たとえば、彼らは自分の知りたいことや悩みごとがあると、村の長老の元へ出向いて何かと教えを請います。

長老はそれに対して、「年輪」からにじみ出てくる知恵や経験、知識や情報などを授けます。乾季に水を得る方法から子どもの育て方、死の迎え方まで、生きる上でのさまざまな事柄に関する方法を伝えるのです。

長老たちの頭や体の中には、長い人生から汲《く》み上げた、たくさんの知恵とストーリーが蓄えられており、それは水が高い所から低い所へと流れるように、ごく自然に次世代へと伝承されていきます。

したがって、インディアンの老人は日本社会みたいに保護の対象となる弱者としてではなく、深い尊厳をもって接すべき賢者として存在しています。お年寄り自身が多くの知恵を貯蔵する「図書館」としての役割、あるいは、それまでの長い体験の中で見聞きした多様なストーリーを次世代へと伝えていく「語り部」の役割を担っているのです。

私がインディアンと接していて、常に感じたのは、彼らが実に物事をよく観察することでした。彼らは燃える火をじっと見つめ、崖《がけ》の上で吠《ほ》えるコヨーテをじっくりと観察し、吹き渡る風を目をつむって全身で感じていました。

身の回りで起こるすべての現象が、あたかも自分に知恵を授けてくれる「教師」であるかのように、彼らはあらゆることを、よく見、よく聞き、よく感じていたのです。

「何を感じているのですか？」

という私の粗雑な問いに、あるとき、一人の長老が答えてくれました。

「物語だよ、ノブ。われわれをここまで導き、ここからまた、われわれをどこかへ導いてくれるところの」

そう、インディアンはたくさんの「物語」を蓄えている人たちなのです。以前にも述べたように、彼らはハンバーガーにもストーリーを感じることができます。

物事の背後にあるストーリーを読み取る彼らの力は非常に深く、また、自分たちが経てきたストーリーをとても大切にしてもいます。それは彼らが、肉体は朽ちても物語は朽ちないと考えているからです。

生命は有限だが、自然と自然の中で生きる人間が紡いできた知恵のストーリーは、あるものは失敗しない知恵として、あるものは教訓として、あるものは慰めとして、また、あるものは励ましとして、それぞれ永遠に生き永らえていくのです。

まるで、物語それ自体を不老長寿の生き物みたいに考え、教えを請う若者や膝《ひざ》に抱いた子どもたちに口伝によって継承していく。それこそが時代を越える、自分たちの生きた使命と考えているのです。

インディアンにとって、物語を伝えることはすなわち、生命を、世代を、種族をつないでいくこととイコールです。それでは、現代に生きる私たちはどうでしょう。

たとえば、誰かがブレスレットを失くしてしまったとします。「よく探したの？」「それは高いものだったの？」などと周囲が騒ぎ、本人も「気に入っていたものなのに」

と惜しみながらも、「でも安物だから」とあきらめます。

目の前から消えたものは「死んだ」ものとして、そこでブレスレットのストーリーを途切らせてしまう。でも、それは目の前からは失われたが、この世から消えてしまったわけではありません。

インディアンなら、おそらくこのように考えるでしょう。

「それを拾った人は、これはどこからきたものか、誰が身につけていたものかと、その前世に思いをめぐらせながら、自分の身につけているかもしれない。そうして得意げに隣の人に見せびらかしているかもしれない。天からの〝ギフト〟として大切に扱っているかもしれない」

彼らはその豊かなイマジネーションによって、失われたものの、その後の「旅」を想像します。喪失後のストーリーを思い描くのです。

つまり、失われた時点で物語が終わるのではなく、失われたときから新しいストーリーが始まると、彼らは考えます。

たしかに宝石箱にしまいこまれた高価なジュエリーよりも、いつも身につける安価なブレスレットのほうにこそ、たくさんのドラマ、多くの物語は生まれるでしょう。

そう考えると、インディアンと私たちの価値観のちがいも明らかになってきます。ものの価値は値段にあると考えるのか、それとも、ストーリーの豊富さにあると考えるのかという価値観の相違です。

感じる力を磨いて自分だけのストーリーを紡ぎ出せ

現代は散文的な時代で、物語が生まれにくい時代です。イマジネーションは貧困で、したがって、生まれるストーリーも単純です。

かわいがっていたネコがいなくなった。「どこへ行ったのかしら、車にひかれて死んでしまったのかしら」「それとも誰かの手で保護されて、保健所送りになったのか」。

そんな心配はいっぱいしますが、「いまごろ長靴をはいたネコとなって、世界中を旅しながら、どこかの国で活躍しているかもしれない」とは考えません。想像力を働かせて、物語を飛躍させる力に乏しいのです。

それもそのはず、知識や情報がすみずみまで行き渡り、すべては目に見え、言葉で説明できると思われている社会では、イマジネーションはやせ細り、ストーリーは枯渇していく運命にあります。

「海の向こうには何があるのだろう」

砂浜に立って、大海原の果てにそんな思いを馳せていたころの若者は元気で、人々には夢がありました。知らないこと、見えないことが夢や物語を紡ぐきっかけとなっていたのです。

大人が「あのころには夢があった」と昔をなつかしむとき、それは「あのころにはストーリーが息づいていた」ということと同じ意味です。

戦後から高度成長時代にかけての日本人は未来を信じ、熱い情熱をもって生きていました。それが可能だったのは、時代そのものの中に「未来は現在よりもよくなっていく」という前向きのストーリーが感じられたからでしょう。

松下幸之助さんが「あんたらがつくってるのはただの電球やない。電球を通じて、人々の夢をつくってるんや」と社員を鼓舞したとき、松下さんは単純作業の中に物語を編み出していたのです。松下翁は鼻先にニンジンの代わりに「夢」をぶら下げて社員を牽引《けんいん》したのです。

いま、東京ディズニーランドの人気が衰えないのも、同じ理由からでしょう。お客さんに夢や感動、すなわち物語を提供しつづけているからこそ、人々は何度でもそこを訪れたくなるのです。

そうした「よき時代」は過ぎ去って、もう二度と戻ってこない……識者はしたり顔でそういいます。そのとおりなのかもしれません。

でも、時代という外部にストーリーが感じられなくなったからこそ、私たち一人ひとりの内部に物語を再構築しなくてはならないのではないでしょうか。そのための方法は、これまで本書の中で、少し異なる角度から述べてきました。

一つは、大きなストーリーよりも身の丈に合った自分サイズの夢を紡ぐことです。それが暗い道を明るくする電球をつくることでもいい。誰もが食べたくなるおいしいトマトを育てることでもいい。そんな小さな、平凡なストーリーを非凡に生きるように心がけることが大事なのです。

二つめは、物事の背後に隠れているドラマを感じることです。たとえば、水道から汲《く》んだコップの水がいったいどこで生まれて、どんな道筋をたどってここまでやってきたのか。目の前にあるものの物語＝いまへ至るストーリーを思い描いてみるのです。

あるいはインディアンのように、失くなったものがこれからたどるであろう未来の物語を想像してみる。そうすることによって、物事を見る目や感じる力に深みや奥行きが養われるのです。

私はインディアンの村で「パイプセレモニー」と呼ばれる儀式に参加したことがあります。参加者がパイプの煙を回し飲みしながら、それぞれ自分の思い（祈りや悩み）を打ち明けるという儀式で、パイプはグレート・スピリット（大いなる神）と交信するための道具の役割を担っています。

そのため、語る人は煙を吸ったあと、パイプを天に向けて頭上にかかげながら話をします。他の参加者は「ホウ」という相づちを打ちながら、その話に静かに耳を傾けるのです。

やがて私にも順番が回ってきました。驚いたのは、みんなと同じように英語で話そうとした私に、「日本人は日本の言葉で話せばいい」といわれたことでした。「ノブ、きみが子どものころから大事にしてきた日本語で話したらいい。スピリットで聞けば、どんな言葉だってわかる」

私は少しためらいながらも、日本語でさまざまなことをしゃべりました。その村へたどり着くまでの経緯や出来事、こうした儀式へ参加させてもらったことへの感謝などです。

すると彼らは、こちらの言葉がまったくわからないにもかかわらず、話の内容をちゃんと理解しているように、「ホウ」「ホッホ」「ホホウ」などと、いろいろなニュアンスを持った相づちを、実に適切なタイミングで返してくれました。

「……というわけで、ここへ来られてほんとうによかったと思います」と話に一段落つけると、すかさず、「それはよかったな」といった感じの「ホウ」が返ってくる。まさに、そんな具合でした。

私は安らぎとともに、深い感動を覚えました。その場には、私も含めて三十人くらいの参加者がいましたが、彼らの間に「共感的理解」が静かに広がっていることが実感できたからです。

言葉は少しも通じていないのに、彼らのいう「スピリット」はちゃんと伝わっていました。変ないい方ですが、あれほど自分の思いが伝わり、こちらの感情が理解されたと感じた経験はあまりありません。

そこに私は、物語を大切にするインディアン文化の秘密を垣間見た気がしました。意味や言葉よりも感覚や共感を重視する……つまり、耳ではなく心で聞き、考える力よりも感じる力に重きを置くことで、豊かなイマジネーションや深いストーリー性は養われるのです。

人は夢やあこがれを持つから生きていける存在です。ストーリーは生きる糧であり、私たちは物語によって生かされてもいるのです。

一杯の水や一個のハンバーガーにもストーリーを感じて、自分の中に「物語力」を養うよう心がけてみてください。

生命は滅びても「いのちの物語」が共鳴していく

物語には強い生命力があります。インディアンのいうように、肉体は滅びてもストーリーは朽ちません。私もそのことを実感することがあります。

たとえば、息子が大病をしたときに同じ病室にいた「しゅんしゅん」。幼いまま天に召された彼の話を、私はお涙頂戴《ちょうだい》で話しているわけではありません。しゅんしゅんの話をセミナーや講演などですると、聞いていた方から、

「生きているだけでとてつもない幸せであることに、あらためて思い至りました。ふつうの一日はないのですね。すべては感謝なのですね。足りないことより、足りていることへ目を向けて生きていこうと思います」

といった内容のお手紙をもらうことがあります。いまでも、教え子から「しゅんしゅんの夢の世界を楽しみます！」とハガキをもらいます。

そういうとき、しゅんしゅんはまだ「生きている」と思うのです。この世での生命は尽きましたが、彼のいのちの物語は生きつづけて人々を励まし、また慰めていると感じることができるのです。「物語の力」とは、そういうことを指すのではないでしょうか。

物語の力とは、一言でいえば「共鳴力」のことです。ストーリーを語ることで、理屈ではなく感情に訴えて人々の共感を呼び、頭よりは心に響いて共鳴を生むのです。

何千人のホールで講演していても、いま会場が感動と優しさで共感していると、こちらが感動することがあります。物語を語る力は、それほど大きいものだと、私は日々実感しているのです。

ただ、物語を伝えるためには語り手が必要になってきますが、その「語り部」の存在が現代ではきわめて少なくなっています。

おじいちゃん、おばあちゃんがかわいい孫をあやしながら昔話を語って聞かせる。そのような場面は平成の世にはめっきり見られなくなりました。ストーリーが失われた時代に語り手が激減するのも当然のことといえましょう。

しかし、そこに私のような人間の役割もあるのかもしれません。私の夢は、まさにその語り部にあるからです。

しゅんしゅんのような昨日死んだ人の物語を明日生まれる人に伝える……少なくとも、自分の経験や考えや思いを講演やセミナー、カウンセリングなどを通じて伝えるという仕事は、私に大きなやりがいを与えてくれます。

少しおおげさにいうなら、自分の生命が尽きても、自分の話した言葉のかけらでも人の心の片隅に残っていれば、自分はこの世に存在した価値がある。だから、そのとき、その感覚が誰かの心に残れば、私の肉体などいつ滅びてもいいとさえ思っています。なぜなら、思い出は永遠に生き、心は滅びないからです。

前の世代から受け継ぎ、自分の世代で加味した知恵や経験を次の世代へバトンタッチする「知恵の継承と心の移植」。それは人間が果たすべき重要な役割といえますが、その仕事の一翼を私は担っていきたい。

それもストーリーの語り部として、できるだけ楽しく、おもしろく語り伝えていきたい。悲しい話を悲しく伝えても、伝えられるものは限られてしまいます。深刻な話ほどユーモラスに、むずかしい話ほど楽しく、深い話ほどやさしく語る。

それが自分の天職であり、この世で自分に与えられた役割だと思っているのです。

そして、そうした「役割」を自分の中に見出したとき、人間という生き物は思いのほか強くなることができます。

たとえば、おいしいトマトを育てた女の子が、それだけで行けなかった学校へ行けるようになる。親や学校に逆らってオートバイを暴走させていた若者も、果たすべき役割を見つけることで社会の中に自分の居場所を確保するようになる。

それぞれの役割の発見と自覚が、その人の生きるための軸を確固たるものとして定めてくれるからです。

私もそうでした。カウンセリングの仕事に自信が持てなかったころの私は、なかなか方向性が定まらず、あれやこれやと目移りばかりしていました。

たとえば、人が「これがいい」「あれは大事だ」というものが気になって仕方がなく、目に映るもの、耳に入ってくるもの、すべてが大事なことのようにも思えていました。

だから当時、私はベストセラーにかならず目を通していたものです。

もちろん純粋な知識欲でそうするのではありません。みんなが読んでいる本を読んでいないことが不安なだけなのです。同じ理由で、自分の知らないことを「知らない」と素直に口に出すこともできませんでした。自分の能力や生き方に対する不安と迷いがかえって見栄や背伸びを生んでいたわけです。

それが自分の仕事にだんだんと自信が備わってくると、周囲の動きにあまり目移りをしなくなりました。知らないことも知らないと平気でいえるようになりました。ベストセラーもほとんど読まなくなりましたが、それでも何の不自由もありません。

要するに、仕事を懸命にこなすうちに、自分の役割意識がさらに明確になり、生き方の軸も確固としてきたのでしょう。それによって自分に必要なものと不要なものの区分け、大事なこととそうでないことの取捨選択が容易に行えるようになってきたのです。

「自分がこの世ですべきことは、これだ！」という役割意識とアイデンティティの確立。それが人を強い生き方に導いてくれるのです。

誰もが固有の役割をもって生まれている

こういうと、なかには「私にすべきことなんか何もない」という人、「自分の役割がどうしても見つからない」という人がいるかもしれません。

あるいは、せっかく与えられた役割を果たそうとしない人もいるかもしれない。そうした人たちには、次のような逸話を胆《きも》に銘じてほしいと思います。

イエス・キリストが自分の弟子の一人であるユダの裏切りによって囚《とら》われの身となり、ゴルゴダの丘ではりつけの刑に処せられる。聖書の中でもとりわけ有名な場面で、このエピソードによって、ユダはいまでも裏切り者の代名詞みたいにいわれています。

しかし、その後、残された弟子たちがユダに代わる十二使徒を選ぶ際に、こう発言するのです。「ユダは彼の役割を果たして去っていったのだ」。つまり、イエスを裏切ることもユダに課せられた使命であったというのです。

これは、すごい逸話であり、また、なかなか解釈がむずかしい話でもあります。みずからの師を死に追いやった人間の行為を責めるのではなく、認め、役割だというのです。どう受け取ったらいいのでしょうか。

これは私の解釈なのですが、この世のすべてのもの、すべての人には担うべき役割があり、その役割の中には「悪」も含まれているということを示唆しているのではないでしょうか。

天や神などの大いなる存在がすべての人間に固有の役割を与えているとすれば、実にさまざまな役目を与えているはずです。その中には善もあれば、同じ数くらい悪もあるはずです。この世には正しい人ばかりではなく、悪を担う人間もまた必要なのかもしれないと……。

では、「いったい、なんのために?」と問いたくなりますが、一つには、「正」や「善」の価値を逆説的に知らしめるためだと思えるのです。

影がないと光の明るさはわかりません。冬がなければ春の暖かさはわかりません。同じように、人の善き行い、正しき振る舞いとはどういうものか。あるいは、人が善や正義を行うことのむずかしさ、悪や不義への染まりやすさ。

そうしたことを人々に知らしめるために、それも「物語」を通じて伝えるために、聖書にはユダという裏切りの悪という存在が必要だったのではないかということです。

そして、そう考えると、悪にも意味や価値があることがわかってきます。悪がなければ善も成り立たないという点で、善と悪のいずれにも等しく意味があるのです。

前に、幸せと不幸は双子の兄弟で、幸せが不幸の引き金になり、不幸が幸せの種にもなるという話をしました。同様に、善も悪も単純な対立物ではありません。二つは、片方がないともう片方も存在できないという、お互いが補い合う関係にあるのです。

ですから、正しいものや明るいものばかり目にしていても、それは世の中の半分しか見たことになりません。善も悪も、幸せも不幸も、入り混じるように存在しているのが人の生きる世です。

その実相のすべてを人間に見せ、学ばせるために、この世界は善だけでなく、サタンにそそのかされるユダという悪も創造したのではないでしょうか。だから、人はまちがわないように学びはじめます。

つまり、どんなもの、どんな人にも与えられた役割があり、なるべくなら正しい役割側にいたいし、踏みとどまりたいと思っています。ですから、誰かに傷つけられたときも、その人は、その人の人生の中で、イヤな役割を引き受けることで、自分に正しくよりよく生きようとする道を教えてくれたのだと考えてはどうでしょうか。そうすることで、過去の憎しみにさよならできます。

誰もがイヤな脇役《わきやく》を演じたくなかっただろうに。「大変な役だなぁ」と思うと、少しは怒りが緩和されるのです。

このことで思い出すのは私の父のことです。みずから会社を経営し、精力的に仕事に打ちこむ活力に富んだ人でしたが、家庭人としては失格でした。子どものことなどそっちのけで何人もの女性との再婚や交際を繰り返しました。

子どもの私が一度も会ったことのない女性を突然、家に連れてきて「今日からこの人をお母さんと呼べ」といわれるなど、幼いころから、父にはほんとうに振り回されたように思っていました。

でも、父を嫌う一方であったか、父など存在しなければよかったと思っていたかといえば、そんなことはありません。父は息子の私にとって、「自分が父親になったら、こうはしないぞ」という反面教師の役割を大いに果たしてくれたのです。そして、父を愛した人にとっては、つまり「奥さんのところに帰らないで。私は苦しいの」とすがる女性にとっては、ヒーローでもあったのではないでしょうか。すべてには表と裏があるのです。

そのように、善きにつけ、悪しきにつけ、すべての人が役割を担って生きています。しかも、その役割はそれぞれに固有のもので、他人の代替はききません。

ですから、人は自分の役割に気づいたとき、自分のストーリーを生きはじめることができます。そして、その役割を果たし終えたときに、人生という物語が完結するのです。

この世は役割を果たすための場所であり、その役割を自分なりに果たしたときに死が訪れる。そうであれば、懸命に役割を果たすことがそのまま生を充実させるし、やがて訪れる死を恐れる必要もないことになります。

老いをプラスイメージでとらえる深い文化

インディアンの社会では、老人が知恵や経験を次世代に伝える語り部という大事な役割を担っていて、非常に大切にされると述べました。

私がパイプセレモニーに参加したときも、まず、足の不自由なお年寄りを車椅子に乗せて、みんなで協力しながら狭い階段を下ろし、お年寄りにきちんと席に座ってもらったあとで、ほかの人たちが感謝してその周囲に座らせてもらう。そういうことがごく自然に行われていました。

食事においても、最初にお年寄りと子どもが食べるのが習慣になっています。インディアンの食卓では、老人と子どもがいちばんいい席に座り、いちばんおいしいもの

を食べるのです。その理由をたずねると、

「子どもは私たちの未来をつくる人であり、お年寄りは私たちが何もわからない子どもであったとき、その胸に抱いて、育《はぐく》み、この世界に導いてくれた人たちだ。私たち成人の屈強な体は、その子どもとお年寄りを守るために大いなる存在から与えられたものなのだ」

という答えが返ってきました。だから、いちばんおいしいものを子どもとお年寄りに譲り、自分たち成人が残りものを食べるのは当然だというのです。

お年寄りと子どもは、その中間にある成人世代の過去と未来をつなぐ存在である。したがって、現役の成人世代は社会の中核を担いながら、過去（お年寄り）と未来（子ども）をつなぐサポーターや奉仕者の役割も果たすべきだ。

成人世代のインディアンたちはそのように考えて、老いた世代と幼い世代に対して尊厳をもって接しているのです。

そのためか、この二つの世代はとても仲がよいのです。たいていの老人は話好きであり、語るべき物語もたくさん蓄えています。子どもたちもまた同じ話を聞きたがり、知りたがりですから、この二つの世代は需要と供給がぴったりと合った絶妙の組み合わせなのです。

インディアンの教育では、子どもの持つ能力や性格に合わせて、一人ひとりに必要なことを教え、授けていく方法をとります。勇気が必要な子、優しさを備えてほしい子。それぞれの個性のちがいに見合ったお話を語るのです。

教科書に子どもを合わせるのではなく、子どもに合わせて教科書をつくるやり方です。そして、そこにストーリーを文字ではなく、お話で伝えていきます。このように子どもの教育に老人が大きな役割を果たしているのです。

インディアンは、子どもの教育者としてもっともふさわしいのはお年寄りであることをよく知っているのです。そのことについて彼らは、私に繰り返し、次のように語ってくれました。

「お年寄りの膝《ひざ》が空いているのは、そこが子どもたちの揺りかごにふさわしい場所だからだ。お年寄りと子どもを隔離してはいけない。彼らを引き離すことは、過去と未来を断つのと同じだ」

インディアンの老人は単なる「老いた生」ではなく、多くの知恵と経験を伝えるという、とても大切な役割を社会の中できちんと持っています。したがって、お年寄りの側も自信に満ちあふれている。

ラコタ族の長老ノーブル・レッド・マンは「白人は年をとると老人になるが、われわれは長老になる」といっています。

その手や顔に刻まれた「しわ」は生きてきた歴史の反映であり、その年輪の内に語るべき長いストーリーと深い魂がしまいこまれている……インディアン社会では、「老い」は積極的に肯定されるべき、プラスイメージのものととらえられているのです。

死から目をそむけるとき生が希薄になる

一方、現代の日本ではどうでしょう。インディアン社会とは反対に、老いはマイナスイメージでとらえられていることがきわめて多いようです。

人生の盛りを過ぎて肉体的に衰え、社会的な役割もすでに果たし終えてしまった〝お役ごめん〟の社会的弱者。それがわが国における老人の一般的イメージです。

とくに戦後の日本は、生産性や経済性を高めることを、もっとも重要視してきましたから、よく働き、お金をたくさん稼ぐ人が中核にあって社会をリードすべきだという考え方、やり方が推し進められてきました。

したがって、現役をリタイアし、生産性の低下したお年寄りは社会の邪魔者である。また、子どもたちには未来の有能な労働力となるための訓練を早くから始めなくてはならない。老いた生は早いとこはじき出して、幼い生をすみやかに取りこもう……それが社会の暗黙のルールとなってきたのです。

商品や消費も経済世代をターゲットにし、街のつくりなども働き盛りの人たちに便利なようにつくられています。

家族も核家族がスタンダードになってしまって、家庭内に老人の居場所や役割がありません。年寄りは子ども家族とは別々に住んで、もっと老いたら老人ホームでひっそりと暮らしてもらいたい……というのが本音でしょう。

あらゆる面で、よくて保護の対象者、悪くて厄介者扱いされるのが現代ニッポンの老人像です。

七十歳を過ぎた、あるスキーヤーが「日本でスキーを滑るのはストレスがたまる」と述べていました。日本のスキー場で滑っていると、かならずといっていいほど「すごいですねえ、おいくつですか」と感心されるが、その感嘆の声には、老齢スキーヤーへの奇異のまなざしが混じっているのだといいます。

聞くほうに悪気はないのだろうが、海外で、そのような質問を受けることはない。なぜなら日本のように、高齢のスキーヤーを特別視することがないからだと、その〝老スキーヤー〟は述べていました。

つまり、老人は保護の対象となる弱者だから、おとなしく静かに暮らしているべきだという考えが、「お年なのに、すごいですねえ」という冷やかしのような感嘆の声につながっているわけです。

いまの日本では、顔や手のしわはインディアンのような年輪や歴史の反映ではありません。それは老醜の象徴にさえなり下がっています。

こうしたイメージは、老いののちに訪れる「死」についても同様です。インディアンは老いを肯定するように、死もまた肯定しています。死を肯定することが生を輝かせることを知っているからです。

彼らは「正しい死に方」について、こんなことをいっています。

「人間は生まれてくるときに苦しくて大泣きするが、まわりの人たちは新しい命を大喜びして笑顔で迎える。正しい死に方とはその逆で、本人は満ち足りた心で笑顔で死んでいくが、まわりの人はその人を惜しんで大泣きする」

人は命の誕生を笑顔で迎え、その死を涙で見送る。また、人は泣きながら生まれ、満ち足りて笑顔で死んでいく。これが彼らの生と死のイメージです。生と同じく、死もまた肯定されているのです。

少なくとも、死を悲しいだけのものとはとらえていません。死は単に生の断絶ではなく、生の以前に住んでいた遠く、大きな場所へと帰っていく行為である。死は終わりではなく、終わらない永遠の命の国へのパスポートである。

そんな死生観をもって、彼らは死と向き合い、その意味や価値についても深い考察を加えているのです。

残念ながら、いまの日本はそうではありません。死は忌むべきものとして、生から遠ざけられてしまっています。たとえば、住みなれたわが家ではなく、病院で死ぬのが平成の日本人の常識になっています。

だから、おじいちゃんやおばあちゃんが死んでいくのを見たことがない子どもが増えている。仏壇がない家も多い。縁起でもない死は生活の中から排除して、そこから目をそむけようとしているのです。

私の息子がまだ小さいとき、家の前で車にはねられて死んでいた子犬を見つけたことがあります。私はそれを聞いて、まだ体温の残る温かい小さな死骸《しがい》を袋に入れると、埋葬できる場所を探しましたが、アスファルトだらけの近所には見つかりませんでした。

結局、そのなきがらを車に乗せて、遠くまで〝墓地〟を探しに行かなくてはならなかったのです。そのとき私は、自分が生きているこの世の中に閉塞感《へいそくかん》を感じました。

「子犬の死を弔うための自然も見つからないような人工的な環境の中におれは生きているのか」

と思ったのです。そして、この事情は犬も人間もそう変わりません。

アスファルトとコンクリートの中では、自分の足の裏で大地のぬくもりを感じる場所はないし、自然の息吹きや地球の鼓動を感じることもないからです。人間が自然の一部であることも忘れてしまいがちです。

人工的環境が整い、自然から遠ざかるのと比例して、人間は自分たちの死を身近に感じる機会を失ってしまったのです。だからといって、身の回りから死が消えたわけではない。病院に足を運んでみれば、そこには死が嫌というほどあふれています。

死は、人間の都合でとりあえず目の前から排除されただけなのです。人はただ老いや死を忘却している、あるいは、忘却したがっているにすぎません。

でも、いまの多くの日本人が考えるように、死は生の対極にあるものではないのです。幸せと不幸、善と悪と同じように、生と死は対立したものではなく、二つは表裏一体のワンセットのものなのです。

その証拠に、古今東西、生きているもので死ななかったものは一つもありません。生きれば生きるほど、私たちは死に接近していきます。生それ自体に死が含まれているのです。したがって、死から目をそむければそむけるほど生もまた希薄化していくのです。

死について考えることは生について考えることと同じです。人は生きたようにしか死ねません。そうであるなら、私たちは死を忘れようとするのではなく、それについてじっくり考えてみる必要があるのではないでしょうか。

死は宇宙の大原理に帰っていくこと

たとえば、死という現象を物理学的に見ると、「形あるもの」から「形ないもの」

への変化と考えることができます。

形あるものは時間の経過とともに、その姿をしだいに変えていき、やがて消滅していく運命にあります。それは宇宙がビッグバンという大爆発を出発点としてできあがっていることに深く関係しています。

遠い遠い昔、ものすごい密度で凝縮されていた宇宙は大爆発を起こし、そのビッグバンの瞬間から、周囲へ向かって広がりはじめました。いまでも拡大しつづけていきます。

いわゆる宇宙膨張論であり、「拡散」は宇宙が持って生まれた性質、宇宙の本質といえます。したがって宇宙に存在するすべての事物も、この性質を持っています。

たとえば、タバコの煙は一点から周囲へと広がっていきます。逆に、煙が勝手に一点に集まることなどありません。お風呂のお湯も放っておけば、外気へ熱を放出して冷めていきます。このように、割れたコップの破片が自然に集まって元のコップに戻るようなことはありません。

あらゆるものが生成から消滅へ至るプロセスには、拡散という宇宙の大原理が働いているのです。この原理は、物理学においてはエントロピーの法則（熱力学の第二法則）と呼ばれています。

すなわち、「万物よ、散りなさい！」……これが宇宙から発せられている大号令なのです。ですから、私たちの部屋が知らないうちに散らかってしまうのも無理のないことなのかもしれません。だから、人が掃除というエネルギーを使わないと、散らかっていきます。人の住まない家は、すぐに廃墟《はいきょ》となります。

自然界の原理では、すべてのものはかならず時間とともに分散、あるいは崩壊して、秩序ある状態から無秩序な状態へと移行していく運命にあります。

もし、その過程を長い長い記録映画に撮って、高速の早回しで再生してみれば、あらゆるものが形あるものから形ないものへと移っていく、すなわち、生から死へ移行するありさまがまざまざと観察できるはずです。

しかし、この宇宙の絶対的原理にしたがおうとしないものが一つだけあります。それが生命です。生命は生きている間だけはその法則に逆らい、常に秩序ある状態を自分でつくり出しているのです。

たとえば、私たちは毎日、肉や魚や野菜や果物や水など、いろいろな食材を摂っていますが、その食材は体の中ですべて組織や細胞など、生命の維持に必要な秩序に変えられています。

ベジタリアンが野菜ばかり食べていたので、指がセロリになり、脳みそがキャベツに変わってしまったなどということは絶対に起こりません。

何を食べても、それをきちんと消化、吸収して、生命に必要な組織に再構成していく仕組み、つまり、無秩序を秩序に組み替えるシステムを体の中に持っているのです。これは秩序から無秩序へと向かう宇宙の原理とは、ちょうど正反対の働きです。

体温もそうです。人間の体温は多少の上下はあっても、常に一定の温度を保っています。私たちの体が単に皮膚という袋に包まれた物体であるなら、エントロピーの法則にしたがって、体温も外気へ分散し、冷えていかなければなりません。

しかし、やはり体内秩序を維持する仕組みによって、体温もまた一定の温度に保たれているのです。

生命は無秩序へと移行したがる宇宙の原理に逆らって、常に恒常性（秩序）をキープして自分であろうとするのです。……これは考えてみるとふしぎなことで、「いのち」と「もの」とのもっとも大きな相違点といえるかもしれません。

けれども、それも死までなのです。生命が死んだ瞬間から、その秩序の崩壊が始まります。体温は放出されて体が冷たくなり、組織の生成や変換システムも停止して、身体の内部も外形もみんな崩壊に向かいます。

生きているあいだ、懸命に「形」を保っていた生命は、死と同時に、その営みを放棄して形ないものへと移行します。いのちもまた死を境に、宇宙の法則に逆らうことをやめて、やはり散るという方向に戻っていくのです。

つまり、死とは大宇宙の「根っこ」へ帰っていく、その転換ポイントなのです。

人がときに、生きていることにとてつもない寂しさを感じるのも、その理屈で説明できるかもしれません。「生きる」ことは宇宙の法則に逆らい、その根っこから疎外された、とても孤独な営みなのだから、寂しさや孤独を感じて当然かもしれないのです。

ということは逆に、死が宇宙にゆだねる安らぎであっても何のふしぎもありません。

死はそもそもの原理へ組み込まれること、本来の場所へ「帰っていく」ことなのだから、怖いことでも、忌むべきことでも何でもない。

むしろ、なつかしいところへ帰る、安らぎに満ちた行為だということもできるのです。

死後に結ばれる大いなるものとの永遠のきずな

この「帰る」という感覚は、長く自然と共存してきた日本人にはよくわかるものではないでしょうか。

たとえば私たちは、「桜が散るように、美しく死にたい」とか「死んだら海に散骨してもらいたい」などとなにげなく口にします。それは無意識のうちにも、死とともに自然の中へ戻っていきたい、自然と同化したいという欲求のあらわれと考えられます。

したがって宇宙の法則などというと、何かおおげさですが、それは自然の営みといい換えても差し支えありません。少なくとも日本人にとっては、宇宙の原理にしたがうとは、自然の摂理に身をまかせるということとほぼイコールです。

死は大自然への回帰である……これはインディアンにも共通していて、彼らは死とは土へ帰ること、風になることだと考えています。彼らにとって、自然の中で死ぬことは最高の喜びなのです。

なぜなら、生きているあいだに、母なる大地からたくさんのプレゼント……水や空気や食べ物などをいただいてきた。だから、死んだのちも、その自然が自分を迎えてくれる。

死後はみずからが自然の一部となり、落ちた葉が土を肥やすように、その「ふるさと」に栄養を提供する。そして次世代のいのちの営みを手助けする。

そんなふうに、死を自然への回帰や生命の再生の始まりと考えるような思想を持っているのです。

私もこれとほぼ同様の考えです。死は「帰る」ことであり、また「つながる」ことであると思っています。むろん、死後の世界など、いくらイマジネーションを豊かにしてみても、あくまで想像の域を出るものではありません。

オットー・ランクという精神分析家は「バース・トラウマ」という説を唱えて、人間は生まれるときにいったん「死」を経験すると述べています。

胎児として母親の子宮内にいるとき、人間は羊水にくるまれていわば魚のように生きています。しかし出産と同時に、突然、外気にさらされて肺呼吸を余儀なくされる。この劇的な変化は人間にとって、死に匹敵するほどのすごいストレスであるという説です。出産とは、すなわち子宮内の存在の死であり、無になることです。

この説にしたがえば、死はそれまでいた世界から別の世界へ生まれ変わるときの通過点、新しい生への乗り換え駅ということになります。したがって、私たちがこの世でこれから経験する死は、同時に別の世界への誕生を意味するものかもしれません。

ただ、母親の胎内にいたときに、外の世界の様子を想像できていた人など一人もいないように、いくら想像の翼を広げてみても、次に生まれる「あの世」という未知の世界を知ることは不可能です。

お釈迦《しゃか》さまも弟子などから、「私たちは死んだらどうなるのですか」とよく聞かれたようですが、その答えはいつも「捨てて置け」だったそうです。

死後の世界の様子など、行かないうちはわからないし、行けば嫌でもわかる。それを行く前から、そこはどうなっているんだろう、この世と同じく苦に満ちているのか、それとも喜びに包まれているのかなどと、想像ばかりたくましくするから生が苦しく、死が怖くなるのだ。そんな考えは頭の中から捨てて、いまを懸命に生きろとお釈迦さまはいましめています。

けれども、その限界を承知で、あえて想像してみれば、私たちが死を経て新しく生まれ変わる世界は、すべてのものとつながった、一体感あふれる世界であると思うのです。

たとえば、インディアンのように大地と一つになる。あるいは歌の文句ではありませんが、一陣の風と化して草原を吹き渡る。さらには一滴の水となって大海へ溶け込んでいく。いずれにせよ、自然のような大いなるものに抱かれ、すべてのものとつながり、永遠に一体化する。

それが私の抱いている死のイメージ、あるいは死後の世界のイメージなのです。そこではまた、なつかしい人にもたくさん会えるでしょう。

女性の精神科医のキューブラー・ロスは、医学的にいったん死と判定されたのちに蘇生《そせい》した人々、いわゆる臨死体験をした多くの人たちにインタビューを繰り返し（その数二万人！）、その内容を『死ぬ瞬間』（中公文庫）という有名な著書の中にまとめています。それによると、臨死体験者が共通して口にするのは、慈愛に満ちた、何ともいえないやわらかな光に包まれたこと。そして、生前、自分を愛してくれた人、あるいは自分が愛した人と「向こうの世界」で会えたということだと紹介しています。それが脳の混乱であれ、事実であれ、一人称で、幸せなほうをとればいいのです。

映画『おくりびと』の中で、たくさんの死者を葬送してきた火葬場のおじいさんが、火葬のボタンを押しながら「また、会おうの」とつぶやくシーンがあります。

私もやがてそちらへ行くから、そのときに、またお会いして、こんどはゆっくり睦《むつ》みあいましょう……なんと、静かな慈しみと優しい想いの込められた別れの言葉でしょうか。

私の大好きな場面で、私自身も幾度か肉親の死に臨んだとき、どうしようもない悲しみの中にありながらも、「少しのあいだのお別れだ。また向こうで会えるよ」と無意識のうちに語りかけています。それが、自分の安らぎにもなるから。わからなければ、自分が思いたいように思えばよいのです。

そう、あの世は、大好きだった人やなつかしい人たちと再会し、彼らとまた「つながる」ことができる、安らぎと慈しみに満ちた出会いの場でもあるのです。

だから私は、セミナーなどでも、「死って、もしかしてすごいことかもしれません。大好きな人に会えるうえに、すべてのものとつながることができるのかもしれません。すべての愛する人とつながることができるのかもしれません」などと冗談めかしていうことがあります。

すると、「少し将来の死がそれほど怖くなくなりました」といった反応が返ってきます。

死は生者との別れであると同時に、死者との出会いであるのかもしれません。自然のような大いなるもの、大らかなものと「永遠のきずな」を結ぶことでもあります。

考えようによっては、これほどの平安、これほどの至福は、ほかにちょっと見当たらないのではないでしょうか。だから、いまの世界を笑って生きたいのです。ステキな役割を果たしながら。

「死を生の中に生かす」ことが生者の役割

以前、ある女性から、こんな悲しみと苦しみを打ち明けられました。

父親に末期のガンが見つかり、入院を余儀なくされた。突然、襲ってきた不幸に彼女も大きな悲しみにみまわれました。当人には病名を告知しないことにしたので、重病であるのを気づかれまいとする緊張感も並たいていのものではありませんでした。

それでも毎日、看病に通いましたが、病状ははかばかしくなく、ついに治療が延命治療に切り替えられたその日、彼女は思い切ってデートに出かけました。以前から、思いを寄せていた男性と会う約束をしていたのです。

むろん重篤な父親を病室に残していくことに迷いはありましたが、新しい薬が効いたのか、お父さんは少し元気を取り戻し、ベッドに身を起こしてテレビなど見ていました。「これなら安心」と考えて、彼女は男性と会うために外出しました。

それは初めてのデートでした。そして、彼と楽しい時間を過ごして帰宅しようとした矢先、緊急連絡が入りました。それは彼女のお母さんからで、お父さんの突然の死を告げる知らせでした。

以来、彼女は「お父さんが苦しみながら死んでいったときに、自分は彼とデートしていた」という強い自責の念に苦しめられることになります。好きな男性と楽しく語らい、笑いあっているあいだに、父親は苦痛にもだえながらいのちを閉じていった。

その自分の行為が許せず、彼女はひたすら自分を責めつづけました。そんな彼女に愛想を尽かしたのか、相手の男性もやがて去っていきました。しかし彼女は、いまだに彼に魅《ひ》かれていて、そのことが彼女の苦しみを二重にしていました。

父を見殺しにしたときに、一緒にいた男性をいまだに思いきれない……そんな自分の心がなおさら許せないのです。その深い喪失感と強い罪悪感。

「私は最低の人間です。生きるに値しません」

と彼女は、涙を流しつづけながら告白しました。

このように、死は人を大きな悲しみ、深い苦しみに直面させる残酷な出来事でもあります。死後は安らぎに満たされるとしても、死者に置き去りにされた周囲の人にとっては痛切な悲しみや苦しみ、後悔や絶望が残るのです。

ぼくは死ぬときに自分の娘に「お父さんの苦しむ姿を見てろ」とはいわない。おまえが、そのときに、幸せな時間を過ごしたなら、なによりだ……それが親心ではないでしょうか。もちろん、亡くなられたお父さんの気持ちは誰にもわかりませんが。

ただ、はっきりしていることが一つあります。それは死というのは死者のためにあるのではなく、生きている者のためにあるということです。

お金持ちも貧乏な人も、いずれ等しく死ぬという点で、死は私たちにいのちの平等性を教えてくれます。生命に限りがあるということも教えてくれます。また、生命のはかなさを通じて、今日という日、いまこの瞬間の大切さも痛感させてくれます。

その意味で、死は死者から生者へのプレゼントといえます。

だから生き残った者は、そのプレゼントを自分の生を充実させることに役立てないといけません。失われたいのちから学んで、自分の心を少しでも前へ進めなくてはならないのです。

そうでなくては、死はただ、悲しみや苦しみ、怒りを生み出すだけのマイナスの存在になってしまいます。

たとえば、この女性が父親の死を生かすためには、いつかその深い悲しみと苦しみを受け入れて、なんとか心を持ち直し、いま生きていることに感謝と喜びを感じる日々を迎えなくてはなりません。それが「死を生の中に生かす」ことになるのです。

お父さんも、それを望んでいるはずなのです。いつまでも自分のことを思って悲しんでほしい、くよくよ悔やんでほしい。そんなことをお父さんはけっして望んではいないはずです。

生きている人はさいわいにも、死んだ人があれほど生きたかった日々をいま生きています。そうであれば、その一日一日を笑い、楽しみ、感動し、充実させなくては死んでいった人に申し訳が立たないと思えるのです。楽しまないとあの世で再会するときに、合わせる顔がないのです。その人はたずねます。「楽しめたか?」。そして、それに対して「楽しみました」というべきなのです。

死を生に生かす……それは前の世代のいのちを見送った者の、また、次の世代にいのちを見送られる者の大きな役割なのです。

「借りのいのち」ならこの世で使いきってしまおう

人は生きたようにしか死ねないといいましたが、その意味で、生きることは死ぬことの練習です。カッコよく生きた人だけがカッコよく死ぬ権利を手に入れられるのです。

だから、死という終わりを有終の美で飾りたかったら、死を迎えるまでの人生を充実させるほかはないと思います。その終わり方にこそ、人の生き方が問われるのです。私自身の終わり方の望みをいえば、この世に一礼して去っていきたいと思っています。人生という舞台、そこでは勝ったり負けたり、泣いたり笑ったり、実にさまざまなストーリーが展開され、たくさんの人物が登場しました。

味方もいれば敵もいたし、私を守ってくれる人もいれば私を傷つけた人もいた。でも、そのすべての人たちに「ありがとう」といいたい気がします。

味方ばかりでなく、敵や悪役にも「あなたたちがいてくれたおかげで、人生を退屈せずにすんだ。ありがとう、楽しかったよ」とお礼を述べる。

そして総決算の結果、かならずしも成功とは呼べない人生だったとしても、最後には、万感を込めた一礼をして去っていきたい。そう思うのです。

その「ありがとう」はまた、天や大自然にも向かわなくてはならないでしょう。なぜならインディアンがいうように、「いのちは大地からの借り物」だからです。

私たちのこの体、このいのち、すべては大いなる地球から借りたもの、いただいたものだと私は考えています。その存在をかりに天と呼ぶとすれば、人間が現世で手に入れたもののすべての真の所有者は天なのです。

天が大家さんで、あらゆる生き物はこの世の一時の間借り人。私たちの体や心、個性や能力、仕事や財産、家族や友人、それらはみんな天からの借り物です。

借り物なら、いつか返さなくてはいけません。死はその最終的な返却期限です。しかも返すときには、図書館から借り出した本を最後の一行まで読み味わうように、その持てる能力を全部使いきってから返さなくてはならないと思います。

たとえば、人間には誰にも固有の役割があるという話をしましたが、その役割も天から貸与されたものにちがいありません。だとすれば、その役割は自分が燃えカスになるまで精一杯果たし尽くさなくてはならないのです。

与えられた役割を果たしきる。いただいたいのちを生ききる……それがわれわれ人間と所有者である天とのあいだで結ばれた貸借関係における暗黙のルールなのです。

与えられたものは使いきり、そののちまたきちんと返す。これを天は大いに喜んで、さらに人に与えてくれます。すなわち「放てば満てり」で、得たものは惜しげなく与える（手放す）人こそ、さらに多くを得る人なのです。

そうして、この世での役割を果たしきった人に天はけっして悪い結末を与えません。ある日、「よくやった」とお呼びがかかり、満ち足りた思いの中で死を迎えられるだろうし、役割を果たしきらないうちは、たとえ死にたくても、天がなかなかそうはさせてくれないはずです。

天命や寿命などというものは、案外そんなふうに決まっているような気がしてなりません。だから役割さえきちんと果たしていれば、その生はおのずと充実して、死もまたそれほど恐れるものではなくなるのです。幼くして死んでいった子どもたちにもしっかりとした役割がありました。また、それを見つけてやらなくてはなりません。

仏教の教えを平易な語り口で説いている人に、ひろさちやさんがいます。ひろさんが「神下駄主義」ということを述べておられます。

簡単にいえば、やるべきことをやって、あとは神さまにまかせること。神さまに下駄を預けること。人事を尽くして天命を待つという格言をやさしくいい換えた言葉です。

たしかに人間の能力には限界がありますから、私たちにできるのはせいぜい、「やるだけのことを精一杯やる」ことまでです。その後の結果のよしあしについては神や天にゆだねる神下駄主義をとるほかはありません。

結果の裁定は大いなる存在の意思にゆだねて、自分はただ自分にやれるだけのことをやる。たとえ平々凡々とした役割であっても、その与えられた役割をいのち終える最後の日まで、一生懸命すみずみまで果たし尽くす。

そうした生き方を心がけるとき、「平凡な人の非凡な人生」が可能になり、私たちの心も体も知らず知らずのうちに、幸福という温かい水のようなものに満たされているにちがいないのです。

あとがき

世界が狭くなり、ある国の会社が倒れると、世界中に津波のように余波が広がる時代です。また、日本は未曾有《みぞう》の借金と、失業率、政治の停滞、公共施設の不足、国際競争率の低下など、ぐるっと周囲を見わたしても、未来に対する不安が多くの人に広がっています。そんな中で、日本の自殺者数は、年間三万人という悲しい更新を長年続けています。

若者の多くは、未来を楽観的なイメージよりも悲観的にとらえているというデータが数多くあります。未来は明るいと思うより、未来は不幸だと思う人々が多いのです。自殺未遂をした若者に、生きて日本の未来を見たくはないかと質問しても「別に興味がない」と冷めた反応が返ってくるのです。私が幼かったころの日本の社会には、未来は明るいという熱い息吹がありました。

心理カウンセラーとして、日本の未来をどうして不幸でたよりなく感じるのか、その原因を考えてみました。それは、いままでの時代の価値観である「幸せ」とは、「経済力と物の豊かさ」なのだという信念です。妄信的にそう信じているのです。

右肩上がりの成長こそがすべて常識の基準になっています。「もっと、もっと教」です。しかし、悲しいことに、経済的、物質的には、いまや日本はアジアのトップを独走することがむずかしくなりました。

さらに、いまの経済の動向から見て、次の世代の子どもたちは、賃金は低く、公的年金もきびしい超高齢化社会を迎えます。

しかし、子どもたちの教育は、より高い賃金の職場、より豊かな生活ができるようにと右肩上がりの価値観をベースになされています。より豊かな高収入や、消費社会の先にしか幸せがないかのように。もちろん、高みを目指すのは悪いことではありません。でも、その先にしか幸せがないと教えこまれると、その高みに到達した人は幸せなのですが、到達しない人々は、「自分はダメ人間だ」「負け組だ」と自分をさげすむことになります。

これからの時代、ほんとうに子どもを愛しているのなら、どんな状況でも、どんな環境でも、幸せを感じられる心を教えることです。すべてに満たされないと幸せを感じないように教えることは、将来さらに社会が低迷した場合、より自己評価を下げて、うつなどの精神疾患の大人を増加させます。

これは、努力をするなということではありません。夢を大きく持って努力することは大切です。ただ、「それに到達しなければ人生は終わりだ」という片寄った考え方は、まちがっていると私は思うのです。本書で伝えたかったのは、失敗しても語るべき学びがあり、何かに足りても足りなくても、どちらにも意味を見出して楽しめる能力の開発です。心理的タフ人間への教育なのです。

それは、先に挙げた経済的な問題だけではありません。従来のように物質を追い求める社会は、エコロジー的にも継続不可能なシステムなのです。

「もっと、もっと」の精神は、ムダな消費を生み出し、地球環境を破壊しかねません。

インディアンにホピ族という部族がいます。彼らは、「母なる大地にこれ以上負担をかけると人類は滅びる」といっています。彼らホピの住んでいる大地からかつてウランが掘られ、日本に原爆が落とされました。彼らには大昔から予言がありました。ここの母なる大地の神を目覚めさせるとヒョウタンに灰がつまったものが空から降ると……。まさに、原爆のキノコ雲はヒョウタンにも見えます。そして、彼らの予言は続きます。人と人とのきずなが切れ、大地と人とのきずなが切れたときには、母なる大地はもうこれ以上「人類を大地で生かす必要がない」と判断し、大地からの浄化を始めるという滅びの予言です。世界に続く気候の変動や、ハリケーンの巨大化、地震の発生頻度の増加を見ると、たしかに「母なる大地」は怒っているようにも思えます。

ただ、インディアンには救いの予言もあります。ホピの浄化のプロセスに入ったときに、「虹の戦士」が現れると。その虹の戦士の数が増えれば、母なる大地は浄化のプロセスを即座に止めるだろう。私は、虹の戦士は物質ではなく、精神的に満たされた人ではないかと考えています。

この社会は、産業革命以降、経済と物質の豊かさを追求してきました。それが、この時代の根底を支えています。古代ローマが富と快楽への追求に片寄って滅びたように、私たちの文明も価値観を変えなければ同じ道を歩むかもしれません。これからは

「経済」や「物」で満たす時代ではなく、なにげない日々の生活の中で小さな幸せを発見する能力を開発し、個人、家庭、地域、国家、地球を豊かな心で満たす時代だと考えています。いまの閉塞感のある時代に、これから日本が心国家のリーダーシップを発揮すべく、新しく生きる道を考える機会になればと思い、この本を執筆しました。

最後になりましたが、このよい機会をつくってもらった、編集担当の鈴木七沖さん、僕の考えを整理する手伝いをしてくださった大隅光彦さん、私の片腕となり誤字脱字のチェックを手伝ってくれた、日本メンタルヘルス協会の鈴木千嘉子さんにも感謝を伝えます。また、今回、成功者と成幸者という言葉の巧みさを教えてくれた、僕の教え子で日本メンタルヘルス協会員であり、昔からの友人でもある株式会社エンパワーリング代表の上村光典氏に尊敬と感謝を伝えます。

もちろん、この本の中で、一緒に「心をみつめる日」に時間をさいてくれた読者のみなさんにも、はじめまして、そして、ありがとうを伝えます。

心理カウンセラー　衛藤信之

衛藤信之（えとう・のぶゆき）
心理カウンセラー。日本メンタルヘルス協会代表。
日本で従来行われている理論中心の心理学に代わり、誰の日常生活にも役立つ実践的プログラムを開発。その軽快な語り口は心理カウンセラーの枠を越え、まるで役者のライブのような臨場感があると評判になり、現在、日本一顧問企業数の多い心理カウンセラーとして、多くの人がより自分を輝かせる心理テクニックを教えている。また、全国で開催している心理学の教室は、キャンセル待ち状態が数年続いている。ここの卒業生の多くが、心を扱うビジネス分野のパイオニアとして様々な方面で活躍するなか、彼らの精神的支柱を担い、誰からも大きな信頼を寄せられている。別の一面として、インディアンとの生活経験から、インディアンカウンセラーとしてインディアンの知恵を伝える語り部としても注目されている。著書に『心時代の夜明け～本当の幸せを求めて～』（PHP研究所）、『上司の心理学　部下の心をつかみ、能力を高める』（ダイヤモンド社）、『幸せの引き出しを開ける こころのエステ』（ゴマブックス）、『イーグルに訊け ～インディアンに学ぶ人生哲学～』（飛鳥新社）、『マンガでわかる 上司と部下の職場系心理学』『マンガでわかる会社組織が蘇る！職場系心理学』（実業之日本社）などがある。

日本メンタルヘルス協会
ホームページ：http://www.mental.co.jp
e-mail：info@mental.co.jp
フリーダイヤル：0120-822-564

今日は、心をみつめる日。

2010年11月25日 初版発行
2020年 2 月25日 第6刷発行

著　者　衛藤信之
発行人　植木宣隆
発行所　株式会社サンマーク出版
〒169-0075
東京都新宿区高田馬場2-16-11
（電話）03-5272-3166
印　刷　共同印刷株式会社
製　本　株式会社若林製本工場

ISBN978-4-7631-3111-9　C0030
ホームページ　http://www.sunmark.co.jp